ドジャースと12人の侍

日本人選手を受け入れ続ける名門球団の足跡

AKI猪瀬

KADOKAWA

はじめに　メジャーリーグを代表する名門球団の足跡

２０２４年、ワールドシリーズを制して世界一に輝いたロサンゼルス・ドジャース。その中心に、史上初のシーズン50本塁打／50盗塁を記録し、自身３度目となる満票ＭＶＰを獲得した大谷翔平と、投手史上最高額で海を渡った山本由伸――２人の日本人がいたのはご存じの通りだ。

そして２０２５年、ドジャースには新たに「令和の怪物」こと佐々木朗希が加入。大谷の二刀流復活も予定されており、大谷、山本、佐々木という３人の日本人選手が在籍するドジャースへの注目度がさらに上がるのは間違いないだろう。

振り返ってみると、ドジャースという球団は日本人にとっても非常になじみの深いチームだ。１９９５年、全米にフィーバーを巻き起こし、日本人メジャーリーガーの門戸を開いた野茂英雄が入団したのもドジャース。以降、メジャーが誇る西海岸屈指の名門球団はこの31年で12人の日本人選手を受け入れてきた。

今やメジャー屈指の資金力を持つビッグクラブとなったドジャースだが、そのスタートは140年以上前、野球好きの4人の男が創設した小さな野球クラブだった。そこから、いくつもの革新を野球界にもたらし、今日の成功を収めるまでにも紆余曲折《うよきょくせつ》の球団史がある。

本書では、そんな球団創設から現在までの歴史、ドジャーブルーを身にまとい、メジャーでプレーした12人の侍の活躍はもちろん、あの「LAロゴ」が生まれた背景、2024年も含めた過去8度の世界一、ドジャースが誇る「永久欠番」までを、余すことなく書き記している。

日本人3選手の活躍はもちろん、ドジャースという球団の歴史を紐解《ひもと》くことで、メジャーリーグ、ドジャースの戦いぶりをさらに楽しんで観ることができるはずだ。

本書が、多くのメジャーリーグファンの観戦の一助になれば、これほどうれしいことはない。ぜひ、本書を読みながら、〝野球の楽しさ〟に触れてほしい。

ドジャースと12人の侍【目次】

第2章

ドジャースと日本人メジャーリーガー

第3章

ドジャースの歴史 113

第4章

ドジャースの欠番と殿堂 153

第5章 ドジャースとワールドシリーズ 179

序章

大谷翔平狂想曲

北米4大スポーツ史上最高額も、大谷伝説の序章に過ぎなかった

２０２３年シーズンが終了してＦＡ権を取得した大谷翔平。

その瞬間から全米を巻き込んだ「大谷翔平ＦＡ狂想曲」が始まった。

私は、大谷が２度目となる右肘手術を行い、２０２４年シーズンは一刀流となるためにロサンゼルス・エンゼルスに短期の大型契約で残留すると予想。慣れ親しんだ球団と施設で羽を休めてリハビリを行い、二刀流として完全復活を果たした後に大型契約で他球団へ移籍するのがベストな選択だと考えて、多くのメディアで自論を展開した。

結果はご存じのとおり、私の予想は木っ端微塵《こっぱみじん》に吹き飛んだ。

大谷は、何もリスクはないが、スリルもない場所に留まるよりも、「勝ちたい」「ヒリヒリする９月を過ごしたい」という自分自身の思いに正直に動いたのである。

ＦＡ市場に出た大谷の移籍先は、最終的に古巣のエンゼルス、本命のロサンゼルス・ドジャース、対抗のサンフランシスコ・ジャイアンツ、大穴のトロント・ブルージェイズの４チームに絞られた。実際に大谷は最終４チームの球場やスプリング・トレーニング施設

を訪問。大谷が新天地に求めたことは、ただ一点「勝利すること」、もしくは「勝利のための努力ができる環境であること」。

最終盤まで古巣エンゼルスは、交渉のテーブルに残り続けたと言われている。だが、大谷の「年俸や契約金の大半を後払いにして、そこで生まれる余剰金を戦力補強に使い、勝利できるチームを作ってほしい」との思いが、「（マイク・）トラウトにも（アンソニー・）レンドンにも後払いなど提示したことがない」とエンゼルスのオーナー、アート・モレノには届かず、大谷のドジャース入りの流れが一気に加速していった。

２０２３年12月９日、大谷は自身のインスタグラムで「次のチームをドジャースに決めた。現役最後の日まで、ドジャースのためだけではなく、野球界のために努力し続けたい」とコメントを発表。

そして、アメリカ時間の12月14日、ドジャー・スタジアムで入団会見を行った。

「皆様、本日はお集まりいただきありがとうございます。まず最初にこのような機会をいただき、今回、選手としての自分を信じてくださったロサンゼルス・ドジャースのチームの皆さん、特にマーク・ウォルター、アンドリュー・フリードマン、スタン・カーステン、ブランドン・ゴームズ、デーブ・ロバーツ、この5人には本当に感謝しています。ありがとうございます。そして、私にメジャーリーガーとしての最初のチャンスを与えてくださったエンゼルスの皆さん、本当に今振り返っても素晴らしく大切で忘れられない、そんな6年間を、そんな思い出をありがとうございました。また今回のFAに際しまして、本当に多くの方とお話をさせていただきました。他の球団も含めた球団関係者の全ての皆さんに心より感謝申し上げます。明確な勝利を目指すビジョンと豊富な球団の歴史を持つこのロサンゼルス・ドジャースの一員になれる事を今は心よりうれしく思うと同時に、今すごく興奮しています。最後に日々お世話になっているエージェントのネズ・バレロを始め、いつも遠く日本から温かい声援を送ってくださるファンの皆様、本当にありがとうございます。今日の質疑応答を交えながら、そうした方々に少しでも日々の感謝を伝えられたらなと思っています。よろしくお願いします」

その後、行われた質疑応答の中で、今回のFA狂想曲が終わりを告げた瞬間に関する質問があった。「最後の最後の段階で、実際に何チームで悩んでいたのか、決断の決め手は」という質問に大谷は「何球団ということを僕の口からこの場で言っていいのか、ちょっと分からないので、そこは差しひかえさせていただくのと、先ほども言ったとおり、ドジャースがこれを持っているからというより、心に残っている言葉としてマーク・ウォルターさんを含めて、ドジャースが経験してきたこの10年間を彼らは全く成功だと思っていないと仰っていたので、それだけ勝ちたいという意思が強いんだなというのは、心に残ったかなと思います」と答えた。

交渉の段階でドジャースのフロント陣が発した「この10年間を成功だと思っていない」という言葉が、大谷の「勝ちたい」という気持ちと見事にシンクロして、ドジャース入りを決断したと推測できる。

名門ドジャース入団と同時に全米のファンを驚かせたのが、巨額の契約とその内容だった。

大谷は、２０１７年12月8日に契約金２３１万５０００ドルでロサンゼルス・エンゼルスとマイナー契約を結んだ。１年目の２０１８年はＭＬＢ最低年俸となる54万５０００ドル。２０１９年は年俸65万ドル（最低年俸は55万５０００ドル）、２０２０年は年俸70万ドル（最低年俸は56万３５００ドルだが、コロナの影響で短縮シーズンだったために実質の最低年俸は20万８７０４ドル）。

デビューから3年が経ち、年俸調停の権利を手に入れた大谷は、330万ドルの年俸を希望。一方、エンゼルスは250万ドルを提示。両者の交渉が決裂した場合は第三者による年俸調停が開かれる手筈《てはず》になっていたが、2021年2月8日、大谷とエンゼルスは2年850万ドルで契約に合意した。

2年契約終了後の2022年10月1日、大谷は年俸調停の権利を有する選手としては、史上最高額となる年俸3000万ドルでエンゼルスと契約（その後、フアン・ソト外野手が2024年1月11日にニューヨーク・ヤンキースと3100万ドルで契約を交わし大谷の最高額を更新）。

そしてFAとなった大谷は、2023年12月11日、ドジャースと10年7億ドルで契約を結んだ。

大谷以前の最高額の契約は、2019年3月20日にマイク・トラウトがエンゼルスと結んだ12年4億2650万ドル。続くのが2020年7月22日にムーキー・ベッツがドジャースと結んだ12年3億6500万ドル。この両選手は、所属球団と契約延長での大型契約だった。

大谷のようなFA契約では、2022年12月7日に、アーロン・ジャッジがニューヨーク・ヤンキースと結んだ9年3億6000万ドルが最高額だった。ジャッジも所属球団だったヤンキースと契約したのだが、トラウトやベッツと違い、一度、FAとなってから契約している。

大谷の契約は、MLBはもとより、北米4大プロスポーツでも史上最高額の契約となった。そして、契約内容も「二刀流」と同様に唯一無二なのである。

ドジャースでは、ベッツが年俸総額3億6500万ドルのうち1億1500万ドルが後払い。フリーマンも年俸総額1億6200万ドルのうち5700万ドルが後払いになっているが、大谷は規格外の97%が後払いになるため、10年間の実質年俸はわずか200万ドルなのだ。2024年のMLB平均年俸が498万ドルだったことを考えると、大谷の年俸がいかに安価であるかが分かる。

大谷の97%の後払いは、10年契約が終了した翌年、2034年から2043年までの10年間、毎年7月1日に支払われる。後払いを選択した選手は、後払いされる金額に利子を付けて受け取ることが一般的だが、大谷の後払いには利子が付いていないため、インフレ率などを計算すると年俸総額は、7億ドルではなく実質4億6000万ドル程度になる。それでもトラウトの最高額を上回っているのだから驚くしかない。

さらに年俸形態と同じく異例なのが、オプト・アウト（契約破棄条項）である。

スター選手の長期契約に含まれることが多いオプト・アウトとは、例えば10年契約を結んでいる選手が、5年目の終了時点で残りの契約を自ら破棄してFAになり、より良い契約を結び直すことができる権利。大谷のオプト・アウトは、契約年数で発生するのではなく、ドジャース入団のキーマンとなったオーナーのマーク・ウォルターと編成部門の最高責任者アンドリュー・フリードマンが、ドジャースを辞めた場合に発生することになっている。自分自身の契約を他人の動向で決めるオプト・アウトを結んだ選手は、大谷以外に見聞きしたことがない。まさに異例中の異例といえるだろう。

しかし、ドジャース入団で幕を閉じた「大谷翔平FA狂想曲」も、これから始まる物語に比べたら、実に些細《ささい》なことだった。本当の「狂想曲」は、大谷がドジャーブルーのユニフォームをまとい、フィールドに姿を見せてから始まるのだった。

第1章

2024年の大谷翔平フィーバー

最高の形で幕を閉じた、前人未到のシーズン

2024年10月30日、ヤンキー・スタジアム。

ワールドシリーズ第5戦の9回裏、1点リードのロサンゼルス・ドジャースはブレイク・トライネンに代わり、第3戦の勝利投手ウォーカー・ビューラーをマウンドに送り出した。ニューヨーク・ヤンキースの先頭打者アンソニー・ボルピーを三塁ゴロ、続くオースティン・ウェルズを空振り三振に仕留め、打席にはアレックス・バードゥーゴ。初球ナックルカーブが外れてボール、2球目カットボールが決まり空振り、3球目ナックルカーブが決まり空振り、4球目ナックルカーブが決まり空振り三振。

マウンド上で両腕を左右に大きく広げたビューラーのもとにファーストミットを投げ捨ててフレディー・フリーマンが、ライトから帽子とグローブを空中高く放り投げたムーキー・ベッツが、ダッグアウトから戦況を見つめていた大谷翔平らが駆け寄り、マウンド上に一瞬にして歓喜の輪が広がった。

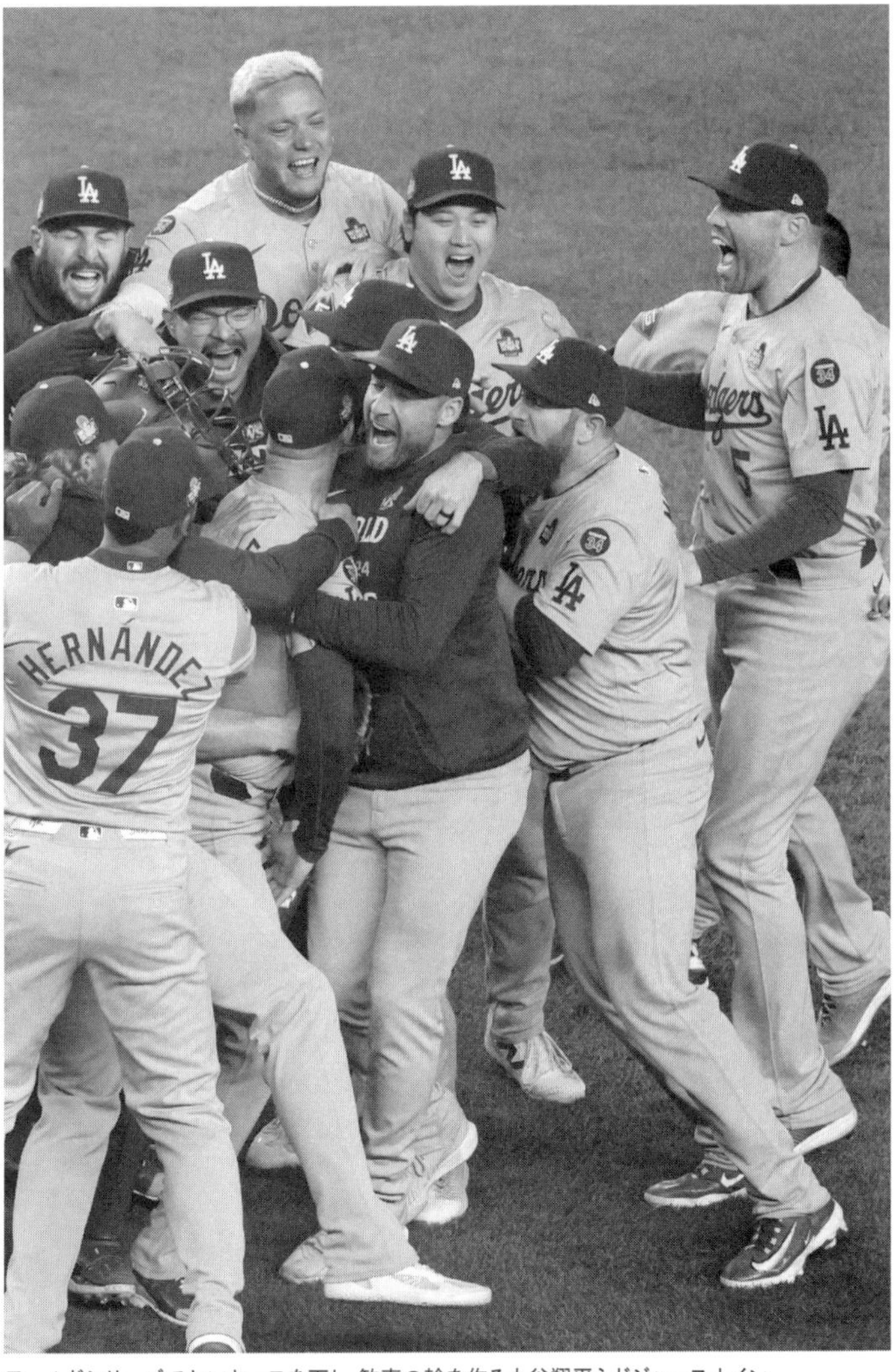

ワールドシリーズでヤンキースを下し、歓喜の輪を作る大谷翔平らドジャースナイン

第120回目となるワールドシリーズを制したドジャース。コロナ禍の2020年以来、フルシーズンでは1988年以来、通算8回目となるワールドシリーズ制覇。歓喜に沸くフィールド上でフラッシュインタビューに答えた大谷は「もう本当に、ただただうれしい。新しいチームに来て最高の終わり方ができて、最高の1年だった」とコメント。

大谷が過ごした前人未到のシーズンは、最高の形で幕を閉じた。

「ヒリヒリする」戦いを望んで新天地ロサンゼルス・ドジャースに移籍した大谷のシーズンは、アリゾナ州グレンデールにあるドジャースのキャンプ施設から始まった。エンゼルス時代も同じアリゾナ州テンピでスプリング・トレーニングを過ごしていたが、施設の充実度と規模ではドジャースが圧倒的に優れている。加えて、MLBを代表する人気球団だけにスプリング・トレーニングを観戦に訪れるファンの数、取材するメディアの数も桁違い。その中心には常に大谷がいた。大谷がA地点からB地点に移動すれば、大谷を追いかけて民族大移動が始まる。右肘手術明けの影響で投手としての練習プログラムは、取材できる範囲では組み込まれていなかった。もちろん、投手としてのリハビリメニューも行われていた。

打者としてのスプリング・トレーニングを順調に消化しながら、走力のトレーニングに多くの時間を割いていた大谷。実際に走力強化のトレーニングを間近で見たが、まさか盗塁数があれ程までに増加するとは、全く予想していなかった。エンゼルス時代のスプリング・トレーニングと大きく変わった点は、メディア対応だ。ドジャース移籍後は、「物言うメディア」である大都市ロサンゼルスのメディアが大谷とドジャースに対して、数多くのメディア対応を要求した結果、その頻度はエンゼルス時代と比較して格段に増えた。その結果、ファンのもとに数多くの「大谷の生の声」が伝えられ、その姿勢はレギュラーシーズンが始まっても変わらなかった。

結婚発表……そして水原通訳の突然のスキャンダル

2月29日、大谷が自身のSNSで「いつも温かい応援をいただきありがとうございます。シーズンも近づいておりますが本日は皆様に結婚いたしました事をご報告させていただきます。新たなチームと新たな環境でのスタートとなりますが、2人と（1匹）で力を合わせ支え合い、そしてファンの皆様と共に歩んでいけたらと思っております。まだまだ未熟な点も多々あるかと思いますが、温かく見守っていただければ幸いです。お相手は日本人女性です。明日の囲み取材で対応させていただきますので今後も両親族を含め無許可での取材等はお控え頂きますよう宜しくお願い申し上げます」と、結婚を発表。大谷の電撃結婚発表は、日本はもとより、アメリカをはじめ世界中を駆け巡った。

3月15日、ドジャース公式「X」で「韓国に向かうフライト前の大谷翔平と妻の写真」が投稿され、大谷の妻が旧姓・田中真美子さんであることが判明。結婚発表から写真公開まで驚きの連続で、大谷はドジャースの一員として、史上初の韓国開催となった開幕戦シリーズへ旅立ち、韓国でも熱狂的な歓迎を受けた。

3月20日に行われた開幕戦、大谷は2番指名打者で出場。この試合で1番ベッツ、2番大谷、3番フリーマンの「MVPトリオ」が公式戦初披露された。MVP受賞者が上位から3人並ぶのは、長い歴史を誇るMLBでも非常に珍しく、過去を紐解いても1976年シンシナティ・レッズの1番ピート・ローズ、2番ジョー・モーガン、3番ジョニー・ベンチ。1978年レッズの1番ローズ、2番モーガン、3番ジョージ・フォスター。1983年フィラデルフィア・フィリーズの1番ローズ、2番モーガン、3番マイク・シュミット以来、史上4組目。「MVPトリオ」が上位から3人並んで消化した試合数は、1976年と1978年は各1試合、1983年のフィリーズが10試合だけ。ドジャースの「MVPトリオ」は、故障者や休場者が出ない限り継続的に起用されたことを考慮するとMLB史上初めてフル稼働したことになる。

開幕戦の相手は同地区最大のライバル、サンディエゴ・パドレス。パドレスの開幕投手はダルビッシュ有。北海道日本ハムファイターズ時代に背番号11をダルビッシュから譲り受けた大谷は、ダルビッシュについて「小さなころから見ていて、大好きな投手」と答えている。両者の対決はこの韓国シリーズが初。第1打席はショートゴロでダルビッシュに軍配が上がり、第2打席の3球目、ライトへ打球速度192キロの特大ファール、その直後、ドジャース移籍後初安打となるライト前ヒットで出塁して二盗に成功した。

初対戦を終えたダルビッシュは「一緒にトレーニングしていた時期もあるし、色々な今までの関係というか、そういうものもあるから、不思議な感じだった」ヒットを打たれたことに関して「自分の中では、ニコッとしてしまった。何だかんだ、情が入っていたんだと思います」と振り返った。

一方の大谷は「会釈くらいしたかったけど、ピッチクロックで時間がなかったので、塁上からという感じになった。球も素晴らしく、何とか1本打てた。ここから何回もやっていくと思う」とコメント。

また、この韓国シリーズでは第1戦でパドレスの松井裕樹、第2戦でドジャースの山本由伸がＭＬＢデビューを飾った。日本のファンにとっては十分魅力的な開幕シリーズとなったが、第2戦を前に衝撃のニュースが報道される。

ＭＬＢ挑戦から行動を共にしてきた水原一平通訳の解雇だ。解雇理由は違法賭博への関与で、大谷の口座からの高額な不正送金も発覚。スーパースターを襲った突然のスキャンダルに周囲は騒然となったが、韓国シリーズ第2戦後、渦中の大谷は集まったメディアに対して「お疲れ様でした」とだけ声をかけて、アメリカに戻るために空港へ向かった。

アメリカ本土での開幕戦は3月28日、本拠地ドジャー・スタジアムでのセントルイス・カージナルス戦。2番指名打者で出場した大谷は2安打を記録する。その後も韓国開幕シリーズを含む8試合消化時点でシーズン打率2割4分2厘、8安打、0本塁打、長打は二塁打3本と待望の本塁打がなかなか出ない。

一方、周辺では連日、水原元通訳の違法賭博、不正送金の報道が過熱していく。大谷自身も「ショックという言葉が正しいとは思わない。うまく言葉では表せないような感覚」とコメントするなど、シーズンを戦いながら戸惑いを感じていることをうかがわせた。

迎えた4月3日、本拠地7連戦最終戦の対サンフランシスコ・ジャイアンツ。7回裏の第4打席、3ボール1ストライクから相手左腕テイラー・ロジャースが投じた5球目のシンカーを捉えた大谷の打球は、打球速度170キロで飛んでいき、右中間スタンドに突き刺さる移籍後初本塁打となる。開幕9試合、41打席目でのシーズン1号本塁打は、MLBデビュー以降、もっとも遅い本塁打だった。

「なかなか調子が上がってこなくて、焦る気持ちを我慢しながら自分のスイングをしようと努めてきた。1本出て良かったと思います。監督に自分らしくいればいいと言われて、気持ちが楽になった」と安堵《あんど》の表情を見せた大谷。大谷にアドバイスを送ったロバーツ監督は、「ドジャー・スタジアムでの最初のホームランにファンも大喜びだし、彼も少し安心しただろう。新しいチームでいいスタートを切りたいと思うのは人間なら当然のこと。今夜は本当にいい一歩だった。グラウンドの中だけではなくグラウンドの外でも、逆境に立たされないとその人の本質は見えない。彼は動じない、自分のやるべき仕事とそうではない事を切り分けている」と、騒動の渦中にありながら結果を残した大谷を賞賛した。

試合後、大谷は「メンタルを言い訳にはしたくない。そこも含めて技術だと思っているし、そこを含めて自分がここまで結果が出ていないのは実力だと思う」とコメント。試合前に捜査当局に協力するなど、一番大切にしている睡眠時間も削られ、本来ならばメンタルを言い訳にしてもいい状況の中、改めてしなやかで強い、まさに強靱《きょうじん》な精神力を持っている事を再認識させられた。ただ、この日のシーズン第1号本塁打が、前人未到の記録の最初の一歩になる事を、この時には誰も予期していなかった。

レジェンド・松井秀喜に並び、追い抜く

大谷は移動日を挟み行われた4月5日、敵地リグレー・フィールドでのシカゴ・カブス戦で2試合連続本塁打を記録。さらに4月12日、本拠地ドジャー・スタジアムで行われたパドレス戦。1回裏の第1打席、相手先発マイケル・キングが投じた2球目のフォーシームを捉えた大谷の打球は、綺麗《きれい》な放物線を描きながらセンターバックスクリーン左に着弾するシーズン第4号本塁打に。

この一本でMLB通算175本塁打となり、日本人最多記録保持者の松井秀喜に並んだ。

5回裏の第3打席では日米通算1000安打も記録。試合後、大谷は「小さいころからずっと見てきた同じ左バッターとして憧れているような存在だった。そういう方に記録で並べたというのは自分にとってすごく幸せなこと。個人的にももちろんうれしいですが、日本の野球界にとっても大きい事ではないかと思う」と、喜びのコメントを残した。

記録に並ばれた松井秀喜も「大谷選手は昨年、MLBでホームランのタイトルを取ったほどのパワーも技術もある選手です。私のMLBで打ったホームラン数は、私自身誇れる数字ではないと感じていますので、今後も大谷選手が200、300、400本と日本の野球ファンの皆様が喜ぶ数字を残していく事を私も応援しております」と大谷を祝福した。

4月21日、7試合連続本塁打なしで迎えた本拠地ドジャー・スタジアムでのニューヨーク・メッツ戦。3回裏の第2打席、相手先発エイドリアン・ハウザーのスライダーを捉え、打球は右中間スタンド中段に飛び込む、日本人選手単独1位となる通算176本塁打。久しぶりに飛び出した本塁打だが、この時期、大谷の打率は急上昇を続けこの時点で3割6分8厘に達した。

4月23日に敵地ナショナルズ・パークで行われたワシントン・ナショナルズ戦で放った第6号本塁打は、スタットキャストが導入された2015年以降、ドジャース史上最速となる打球速度191・1キロを記録。試合後、ロバーツ監督は興奮気味に「あんな打球が打てるのは、数人しかいない」とコメント。4月26日に記録した第7号本塁打は、ドジャースに在籍した日本生まれの選手としては、ロバーツが現役時代に記録した7本に並ぶタイ記録。予期せぬ事件でメンタルが乱された3、4月だったが、4月終了時点で打率3割3分6厘、7本塁打、19打点、5盗塁と十分すぎる結果を残してみせた。

5月4日、本拠地ドジャー・スタジアムで行われたナショナル・リーグ最強決戦、対アトランタ・ブレーブス。3回裏の第2打席、相手先発ブライス・エルダーが投じた2球目のフォーシームを捉えた打球は右中間スタンドに突き刺さる第8号本塁打。この1本でロバーツ超えを達成すると、5月5日、本拠地でのブレーブス戦の1回裏、相手先発のマックス・フリードが投じた5球目のカーブを強振し、センターバックスクリーンに飛び込む先制第9号本塁打。さらに8回裏の第4打席、2番手左腕A・J・ミンターの初球を捉えた打球は、センター方向にぐんぐんと伸びていき、この時点ではMLB2024年シーズン最長となる141・4メートルの特大の第10号本塁打。この日の大谷は4打数4安打3打点、シーズン初の1試合2本塁打の大活躍。試合後、大谷は「振るべきボールを振れているのがいいところかなと思う。しっかり距離が出るというのも状態がいい証拠だと思う」特大の2本目に関しては、「完璧だった」と自画自賛した。

5月6日、本拠地ドジャー・スタジアムで行われたマイアミ・マーリンズ戦。2点を追う1回裏の第1打席、相手先発ロデリー・ムニョスが投じた5球目のフォーシームをセンターバックスクリーンに放り込む同点2ランは、自身最長タイ3試合連続本塁打となる第11号本塁打。

5月14日、敵地オラクル・パークで行われたサンフランシスコ・ジャイアンツ戦。4回表の第2打席、相手先発キートン・ウィンが投じた初球のスライダーを振り抜き、右中間スタンド上段に突き刺さる第12号本塁打。飛距離135・9メートルは、あと少しで「スプラッシュヒット」という特大の一発で、同時にオラクル・パークでの自身初本塁打。試合後、アメリカ・メディアから水原案件を匂わせるような、いつからしっかり寝られるようになったかとの質問を受け「まあ、色々と物事が進展して、色々新しいことがわかって、自分のやるべきことを出して、物事が一旦、解決した段階では、僕の方からやることは無くなったので、その段階でかなと思います」とコメント。なおこの日は花巻東高校の後輩、佐々木麟太郎が観戦に訪れていた。

5月17日、試合前にロサンゼルス市議会を訪問した大谷は、「大谷翔平の日」制定の式典に出席した。ロサンゼルス市は大谷がドジャースに在籍しているかぎり、5月17日を大谷の日にすることを発表。ロバーツ監督は「素晴らしい日だ。翔平はとても短い期間でロサンゼルスにインパクトを与えた。彼は、人々が周りにいたいと思うようなポップカルチャー的な存在になっている。マイケル・ジョーダンや数人のアメリカンフットボールの選手なら、あるかもしれないが、野球界ではとてもユニークなことで、私はこんなことは、これまで見たことがない」とコメント。そんな記念すべき日にも大谷は第13号本塁打を記録し、「大谷の日」に華を添えた。

その後、10試合本塁打から遠ざかるも5月29日に久しぶりの第14号本塁打。大谷は5月を月間打率3割1分2厘、7本塁打、19打点、8盗塁と好調のまま終える。

ベッツ離脱のアクシデントを機に「1番大谷」が誕生

6月5日、敵地PNC・パークで行われたピッツバーグ・パイレーツ戦。相手先発は2023年ドラフト全体1位指名でドラフト史上最高額（当時）となる契約金920万ドルでパイレーツに入団した怪物ルーキー、ポール・スキーンズ。5月11日のMLBデビューからこの日のドジャース戦まで、4先発、2勝0敗、防御率2・45、投球回数22、奪三振30を記録していたスキーンズと大谷の初対決は100マイル超えの豪速球に三球三振。迎えた3回表の第2打席、大谷はスキーンズが投じた真ん中高め100・1マイルのフォーシームを振り抜き、打球は一直線にセンターバックスクリーンに突き刺さる第15号本塁打。100マイル超えを本塁打にしたのは自身初。打たれたスキーンズもデビュー後、フォーシームを投げて許した初の被本塁打だった。

その後は6月11日に第16号、12日に2試合連続の17号と量産体制に入ると、6月16日、本拠地ドジャー・スタジアムで行われたカンザスシティ・ロイヤルズ戦の第2打席、相手先発ブレイディー・シンガーが投じた4球目のシンカーをセンターバックスクリーン左に突き刺さす飛距離137・5メートルの特大第18号本塁打。スタットキャストが導入された2015年以降、ドジャー・スタジアムで1人の選手が、同一シーズンで450フィート（約137・16メートル）以上の本塁打を2本以上記録するのは大谷が史上初。さらに6回裏の第3打席、同じシンガーから2打席連続となる第19号本塁打。1試合2本塁打はシーズン2回目、2打席連続本塁打はシーズン初だった。試合後、大谷は「打ち方も含めて毎日良くなるように努力はしているので、それがいい結果に繫《つな》がった。相手の先発ピッチャーがリズム良く、テンポ良く、いいピッチングをしている中で数少ない甘い球をしっかりと打てたので良かった」好調のバロメーターと言われている逆方向への1本目について「あの方向に飛距離が出ているというのは、いい状態だと思う。気持ち良い感覚だった」とコメントした。

しかしこの試合、好調の大谷がけん引するドジャースにアクシデントが起こる。ムーキー・ベッツが死球を受けて左手を骨折。結果的に2024年レギュラーシーズン、ベッツが受けた死球は、この1回のみだったが、MVPトリオの一角でもあるベッツは戦線離脱を余儀なくされてしまう。

チームリーダー不在で迎えた6月17日、敵地クアーズ・フィールドで行われたコロラド・ロッキーズ戦。不動の1番打者を欠いたドジャースは、新しいリードオフマンに大谷を指名。移籍後初めて1番指名打者で出場した大谷は、5打数3安打、1打点の活躍を見せて期待に応える。そしてこの日から、大谷はシーズン最後まで1番指名打者に固定されることになる。

結果としてこの「1番固定」の起用法が前人未到の偉業達成に大きく貢献する事になった。6月18日に行われた敵地でのロッキーズ戦。6回表の第3打席、相手左腕オースティン・ゴンバーが投じたスライダーを捉えた打球は、放物線を描きながらセンターフェンス後方に植えられた木々から慌てた鳥が飛び立ち、着弾点が分からないほどに飛んだ第20号本塁打に。「ドジャースの1番」として初めて放った一発の飛距離は今季自己最長となる145・1メートル。超特大の一発にロバーツ監督は「あんなホームラン見た事がない。言葉が出ない」とコメント。

さらに6月20日、敵地でのロッキーズ戦。1回表、先発左腕タイ・ブラックが投じた4球目のフォーシームを捉えた打球は、センターバックスクリーンに消える第21号本塁打。この一本が移籍後初、キャリア通算7本目となる先頭打者本塁打となった。

ベッツ離脱の穴を埋める大谷の快進撃はまだまだ続く。6月21日、本拠地ドジャー・スタジアムでのロサンゼルス・エンゼルス戦。古巣との対戦は、大谷にとってレギュラーシーズン初。この試合で5回裏の第3打席、相手投手マット・ムーアから右中間スタンドに飛び込む特大第22号本塁打を放つと、翌22日の3回裏の第2打席でも右中間スタンド上段に突き刺さる第23号本塁打。ともに戦った元チームメイトたちを相手にその力を見せつけるようなシーズン2度目の3試合連続本塁打に加え、直近12試合で8本塁打と量産ペースがさらに加速していく。

6月25～26日に敵地ギャランティードレイト・フィールドで行われたシカゴ・ホワイトソックス戦ではドジャースの選手としては史上初となる2試合連続先頭打者本塁打。さらに2011年から2012年にかけてマット・ケンプ、ブルックリン・ドジャース時代の1955年にロイ・キャンパネラなどが記録した9試合連続打点の球団記録を更新する10試合連続打点を達成。1番起用後の9試合で打率4割2分4厘、6本塁打、15打点と驚異的な数字を残す。

6月29日、敵地オラクル・パークでのジャイアンツ戦でも第26号本塁打を放ち、本塁打王争いを演じているアトランタ・ブレーブスのマーセル・オズナに5本差をつけるリーグ1位。MLBで「6月男」と称される大谷の2024年6月の成績は、月間打率2割9分3厘、12本塁打、24打点、3盗塁。本塁打と打点はリーグトップと、見事にチームの危機を救ってみせた。

前半戦を首位打者、本塁打王の二冠で折り返す

7月2日、本拠地ドジャー・スタジアムで行われたアリゾナ・ダイヤモンドバックス戦。7回裏の第4打席、相手投手ジャスティン・マルティネスが投じた2球目のスライダーを捉えた打球は、右中間スタンド上段に突き刺さる第27号本塁打。この一打で日本人選手としては、松井秀喜、イチローに次ぐ史上3人目となる通算500打点を達成。この日は日本文化を讃《たた》える「ジャパニーズ・ヘリテージ・ナイト」と題して行われ、多くの日本人や日系人が詰めかけた試合だった。試合後、大谷は「普段から多くの日本人を含めて、アジアの人も含めて、ファンの人に来てもらっているなと感じているので、今日はそういう特別な日ですし、尚更多いなっていう印象は受けるので、そういう日にまず打てた事もそうですし、何より勝てたことが良かったなと思います」とコメントを残した。

好調を維持する大谷にロバーツ監督は「彼が自分のバッティングのルーティンを守れば、この惑星に彼以上のバッターはいない。彼は周りが何かしてくれると期待している時にこそ、必ずやってくれる。まるでマイケル・ジョーダンやタイガー・ウッズのようだ」と絶賛。

7月4日からはシーズン初となる2試合連続3三振、自己ワーストの6打席連続三振と小休止も、7月6日、本拠地でのミルウォーキー・ブルワーズ戦、8回裏の第5打席で相手左腕ブライアン・ハドソンからセンターバックスクリーン右側に突き刺さる第28号本塁打。

そして迎えた7月13日、敵地コメリカ・パークで行われたデトロイト・タイガース戦。5回表の第3打席、相手投手カイダー・モンテロが投じた2球目のチェンジアップを捉え、低弾道でライトスタンドに突き刺さる第29号本塁打。この日の一本は記念すべきMLB通算200号本塁打。野手として通算800試合出場未満での通算200本塁打、500打点、100盗塁達成は、MLB史上初の快挙だった。

ドジャース移籍1年目、前半戦94試合に出場した大谷は、打率3割1分6厘、29本塁打、69打点、23盗塁を記録。1954年にブルックリン・ドジャースのデューク・スナイダーが記録した前半戦55長打の球団記録を更新する56長打を記録。前半戦の235塁打は球団新記録に加えて、ケン・グリフィー・Jr．が1994年に記録したMLB歴代6位に並ぶ好成績。歴代1位は2013年にボルチモア・オリオールズのクリス・デービスが記録した246塁打。前半戦終了時点で大谷はナショナル・リーグ首位打者、本塁打王の二冠、打点はリーグ3位となり、この時点での世間の注目は、あくまで三冠王獲得に集まっていた。

オールスターで日本人初の柵越え本塁打

大谷は、ナショナル・リーグ指名打者部門最終投票でフィリーズのカイル・シュワーバーを上回り、4年連続4回目の球宴選出が決定。7月16日、テキサス州アーリントン、テキサス・レンジャーズの本拠地グローブライフ・フィールドで開催された第94回オールスター・ゲーム。ナショナル・リーグ2番指名打者でスタメン出場すると、第1打席はアメリカン・リーグ先発、サイ・ヤング賞経験者、ボルチモア・オリオールズのコービン・バーンズと対戦して四球で出塁。

第2打席はボストン・レッドソックスのタナー・ハウクと対戦。ハウクが投じた3球目のスプリットを強振した打球は、右中間スタンド中段に突き刺さる特大の本塁打になった。自身初となる球宴での本塁打は、日本人選手としては初となるフェンス越えの本塁打となった（2007年球宴でのイチローの本塁打は、インサイド・ザ・パーク・ホームラン／ランニング・ホームラン)。

第3打席はオークランド・アスレチックスの剛腕クローザー、メイソン・ミラーの前に三振。球宴を終えて大谷は、「あまりオールスターで打てていなかったので、まずいいヒットが出たのが自分としてはホッとしました」「ドジャースの一員として今回選んでもらってすごく光栄だなと感じているので、何回でもドジャースの代表として、ここにまた来られるように、そういう野球をしたいなと思ってます」とコメント。

また、球宴の恒例行事のひとつ「レッドカーペット」では、真美子夫人同伴で登場。間近で取材して、真美子夫人の美しさを再確認すると共に、2人で歩く姿は想像以上にお似合いのカップルだと感銘を受けた。

球宴本戦は、ライトポール際に設置された臨時取材席で観戦。バッターボックスから距離がある位置だったが、大谷が放った本塁打の打撃音の凄まじさには驚愕《きょうがく》した。

後半戦は個人、チームともに暗雲垂れ込めるスタート

夢の球宴が明け、大谷の後半戦もスタートする。7月21日、後半戦3試合目、本拠地ド

ジャー・スタジアムで行われたボストン・レッドソックス戦。5回裏の第3打席、相手先発カッター・クロフォードが投じた4球目のカッターを強振した打球は、バックスクリーン右に飛び込む飛距離144・2メートルの特大30号本塁打。これで自身4年連続となるシーズン30本塁打以上を記録（自身の持つ日本人最多記録を更新）。

試合後、大谷は特大本塁打について「打球を見ていたが、どこに飛んでいったか分からなかったので、打球がどこまでいったか確認できなかった。願わくば、この球場で一番大きいホームランを今後、打てればうれしい」とコメント。この日、ドジャースの先発を務めたジェームス・パクストンも「衝撃的だった。打った時の音が違う。彼は超人だよ」と、大谷を絶賛した。

また、大谷の前の打者として本塁打を打っていたバーンズは「まだ自分のホームランの事について考えていた時、銃声のような音が聞こえて、みんなが叫んでいたよ。彼のような人間は見たことがない」とコメントしている。

7月25日、本拠地ドジャー・スタジアムで行われたサンフランシスコ・ジャイアンツ戦では自己最大となる発射角度46度のムーンショットを披露。ちなみにこの本塁打で日米通算250号を達成したが、大谷本人は「知らなかった」と笑顔を見せた。

7月27日に行われた敵地でのアストロズ戦ではライト2階席に突き刺さる飛距離140・5メートル、自己最速に並ぶ打球速度191・1キロの弾丸32号を放ち、同時に自己最多に並ぶ26盗塁を記録。試合後、記者から40本塁打/40盗塁について聞かれた大谷は「まあ、積み上げるものだと思うので、それはシーズンが終わった後に、よかったねで、いいんじゃないかなと思います」とコメント。

ただ、大谷が好調をキープする一方で、チームには暗雲が垂れ込め始める。7月26日の試合を緊急欠場したフリーマンが、三男マックス君が重度の感染症に罹患《りかん》して、緊急搬送され集中治療室に入院している事を公表してチームを離れた。この時点でベッツ、山本由伸、マックス・マンシーなどが故障者リスト入りして、加えてフリーマンも離脱。緊急事態を迎えたドジャースは、7月末のトレード・デッドラインに向けて緊急トレードを実施して、エドマン、キーアマイヤー、フラハティー、コペックなど、数多くの選手を補強。

シーズン序盤から圧倒的な強さを誇ってきたドジャースだが、故障者続出に加え、投手陣の崩壊が続き、7月は11勝13敗と負け越し。ドジャースが月間負け越しを記録するのは、2018年4月以来。大谷自身の7月成績は、月間打率2割8分6厘、6本塁打、14打点、

12盗塁。7月最終3試合で今季ワーストの3試合連続無安打を喫するなど、チーム同様に苦しい後半戦スタートとなった。

劇的すぎるサヨナラ満塁本塁打で史上6人目の40／40達成

チームの不振とともに打撃成績も停滞気味の中で迎えた8月2日、敵地オークランド・コロシアムで行われたオークランド・アスレチックス戦。大谷は9回表の最終打席で相手投手テイラー・ファーガソンから第33号本塁打を放つ。この本塁打はシーズン初の3ラン本塁打となった。試合後、大谷は「ここ数試合、正直、状態はあんまり自分の中でも、よくないかなと思うんですけど、願わくば最後の前の打席（7回表、満塁の打席）で打てれば、チームとしても、もうちょっと大きなチャンス、勝てるチャンスが、あったんじゃないかと思います」とコメント。

8月5日、本拠地ドジャー・スタジアムで行われたフィラデルフィア・フィリーズ戦。この試合からフリーマンが戦列に復帰する。フィリーズはナショナル・リーグ最高勝率争いの相手。この時点でフィリーズが66勝45敗でリーグ最高勝率。ドジャースは65勝47敗で勝率リーグ2位。ドジャース1点リードで迎えた8回裏の第4打席、相手投手は2番手左腕タナー・バンクス。大谷は2球目のチェンジアップを捉え、センターバックスクリーン左に第34号本塁打を突き刺した。この本塁打が対フィリーズ自身初本塁打。これで大谷が本塁打を記録していないチームは、セントルイス・カージナルスの1チームのみとなった。

試合後、大谷はMLB史上初の45本塁打／45盗塁ペースである事を聞かれ「ホームランはいいところで打てればいいいし、盗塁に関しては高い確率でいけると思った時にしっかり決めれば勝利に貢献できると思うので、そこを集中していきたい」とコメントを残した。

8月9日、本拠地ドジャー・スタジアムで行われたピッツバーグ・パイレーツ戦では第35号本塁打を放ち、リーグ本塁打王争いで並ばれていたブレーブスのオズナを突き放し、単独1位に返り咲く。

8月12日、敵地アメリカンファミリー・フィールドで行われたミルウォーキー・ブルワーズ戦。この日の試合から左手骨折で離脱していたベッツがついに戦列復帰を果たす。注目された打順は1番指名打者大谷、2番右翼手ベッツ、3番一塁手フリーマンと、大谷は1番に固定されたままで、MVPトリオがドジャースのラインナップに久々に返り咲いた。

迎えた5回表の第3打席、相手先発エースのフレディ・ペラルタが投じた4球目のフォーシームを捉えた打球は逆方向へ伸びていき、左中間スタンドに着弾する第36号本塁打。盟友の復帰に華を添えた大谷はこの日2打点、復帰戦となったベッツも3打点の活躍でチームは5対2で勝利する。

試合後、大谷は「アグレッシブにいきたいと思っていた。相手からするとムーキーもフレディーも、まだまだケアしないといけないバッターが後ろに控えているので、甘くきたらいくぞという姿勢をどんなカウントでも崩さないようにしたい」とコメント。40／40についても、「特に今シーズンは、ゴールは特に決めていなくて。本当に1試合1試合頑張りたいなと思っていますし、初めてのチームなので、初めは慣れるところから、そのチームの特徴を摑《つか》みながら、馴染《なじ》めればいいなと思っているので、だいぶ今慣れてきて、シーズンも後半に近づいているので、ポストシーズンに向けて自分のやることにしっかり集中したいなと思っています」とあくまでも平常心であると語った。

しかし、そんな大谷の心境とは裏腹に、周囲は迫りくる40／40の偉業達成に色めき始める。8月13日に37号、17日に38号本塁打を放ち、同時にこの試合で2盗塁を成功させて38本塁打／37盗塁とし、いよいよ史上6人目となる40／40達成が目前に迫ってくる。MLB

公式ホームページ上でも大谷の40／40カウントダウン・メーターが登場するなど、記録達成への注目も集まっていった。ちなみにこの日の38号本塁打で大谷は、ＭＬＢ全30チームから本塁打を打った史上初の日本人選手になった。

そして8月18日、敵地でのカージナルス戦。5回表の第3打席、相手先発エース、ソニー・グレイが投じた初球のカーブを捉えた打球は、低い弾道で右中間スタンドに着弾する第39号本塁打となり、大谷は40本塁打に王手をかける。

迎えた8月23日、本拠地ドジャー・スタジアムで行われたタンパベイ・レイズ戦。この時点で125試合を消化して39本塁打／39盗塁を記録している大谷。ドジャー・スタジアムには40／40を期待する4万5556人のファンが詰めかけた。レイズの先発は左腕タイラー・アレクサンダー。1回裏の第1打席はファーストライナー。4回裏の第2打席はショートへの内野安打で出塁すると1死後、二盗に成功して40盗塁に到達する。大記録まで、あと本塁打1本――。

しかし、5回裏の第3打席はショートゴロ、7回裏の第4打席はセカンドゴロに倒れ、試合は3対3の同点のまま9回裏、ドジャースの攻撃に突入する。先頭打者は5番捕手ウィル・スミス。

このままいけば、1番の大谷に打席が回ってくるのは、延長10回裏、この回にサヨナラ勝利をあげたら、大谷に打席が回って来ないかもしれない……スタンドにはそんな雰囲気が渦巻く中、先頭のスミスが死球で出塁、6番エドマンがセンター前ヒット、7番ロハスが犠打成功、8番ラックスはセカンドゴロ。2死2、3塁で9番ヘルナンデスの代打マンシーが四球を選び、2死満塁。最高のシチュエーションで打席には大歓声を浴びながら大谷が立つ。

もはや打席が回って来た事すら奇跡という雰囲気に包まれたドジャー・スタジアム。マウンドにはマンシーの打席からコリン・ポーシェが登板。ポーシェが投じた初球のスライダーを捉えた打球は、打球速度169・2キロ、打球角度35度で舞い上がり、センター方向、飛距離118・6メートルの位置に着弾する。

史上6人目の40／40達成は、自身初となるサヨナラ満塁本塁打という劇的すぎる一発で達成された。ホームベースの周りにチームメイトが集まり、その輪の中に入りホームインする大谷。

試合後、40／40達成の感想を聞かれた大谷は「もちろんそれもうれしいし、何より最後に打てた、勝てた事がドジャースに来て、今のところ一番の思い出になっています。打席では何も考えずに1本打ちたいなという気持ちで、ホームに帰って来て気がつきました」「記録自体が目的になるというよりは、勝つための手段として、そういう記録を作れたのは大きな事だと思う。ポストシーズンに進出してワールドシリーズに勝つ事が一番の目標なので、自分の数字は、後から付いてくればいい。こういう場面でたくさんのファンの前で打ちたいなと思っていたので、本当にいい思い出になった」と笑顔を見せた。

1988年にMLB史上初めて40／40を記録したホセ・カンセコは出場151試合目で達成。1996年のバリー・ボンズは出場158試合目。1998年のアレックス・ロドリゲスは出場153試合目。2006年のアルフォンソ・ソリアーノは出場147試合目。2023年のロナルド・アクーニャJr．は出場152試合目。大谷は史上最速となる出場126試合目で40／40の偉業を達成してみせた。

開幕から2番指名打者として出場した70試合で15盗塁。ベッツが左手骨折で戦線離脱した6月17日以降、1番指名打者として出場した56試合で25盗塁を記録した大谷。歴史的瞬間を敵将として見届けたレイズのケビン・キャッシュ監督は「前の打者に四球を与え、満塁で大谷。彼のようなタイプの選手は、決定的な瞬間を最大化できる。今日のように」と

劇的なサヨナラ満塁本塁打で史上6人目の40／40を達成した大谷翔平

賞賛のコメントを残した。

前人未到の50本塁打／50盗塁を成し遂げた「マイアミの奇跡」

この時点でドジャースの残り試合は33。机上の計算では、シーズン50／50ペース。ここからは1本塁打、1盗塁ごとに前人未到の領域へ突入していく事になる。

翌日の8月24日にはライトポール際にシーズン9回目の2試合連続となる第41号本塁打を放つと、8月28日、本拠地ドジャー・スタジアムで行われたボルチモア・オリオールズ戦では大谷と愛犬デコピンの「ボブルヘッド人形」が配布され、デコピンが始球式に登場。詰めかけた5万3290人のファンは、試合開始前から大盛り上がり。さらに大谷は始球式から間もない1回裏の第1打席、相手先発コービン・バーンズが投じた5球目のスライダーを体勢を崩されながら捉え、右中間スタンドに着弾する第42号本塁打を放つ千両役者ぶりを見せつけた。試合後、デコピンの始球式についてコメントを求められると「僕が緊張していたが、なんとか決めてくれてよかった。練習は3週間くらいしました」と笑顔。

本塁打を打てば盗塁を決め、盗塁すれば本塁打を放つというサイクルを繰り返していた大谷は、この時点で42／42に到達。1998年にアレックス・ロドリゲスが記録した42／42の最高成績に肩を並べた。

8月30日、敵地チェイス・フィールドで行われたアリゾナ・ダイヤモンドバックス戦。8回表の第5打席、相手投手ポール・シーウォルドが投じた3球目のフォーシームを左中間スタンドに突き刺し、シーズン43号に到達。この試合の2回表には盗塁を成功させていたため、MLB史上初となる43／43を達成した。

記録づくめの8月最後の試合となった31日のダイヤモンドバックス戦でも、歴史的な瞬間が訪れた。1回表の第1打席、3ボール2ストライクから粘り、先発のメリル・ケリーが投じた8球目のカーブを振り抜いた大谷の打球はセンターバックスクリーンに突き刺さる第44号本塁打になった。ただ、これだけでは終わらない。続く2番ベッツは2球目を捉えてレフトスタンドに飛び込む2者連続本塁打。チェイス・フィールドのざわめきが収まらない中、3番フリーマンが初球を右中間スタンドに運び、「MVPトリオ」初となる3者連続本塁打。先頭打者本塁打からの3連発はドジャース史上初の快挙。大谷自身にとっても2試合連続本塁打はシーズン10回目、8月だけで4回を記録。史上6人目の40／40を達成した8月、大谷は月間打率2割3分5厘、12本塁打、22打点、15盗塁を記録。本塁打と盗塁の2部門で月間最多を記録したが、これは1920年以降MLB史上6人目。月間10本塁打／10盗塁を記録したのは、1901年以降MLB史上8人目の快挙。チームは苦しかった7月を乗り切り、8月は19勝8敗と息を吹き返してシーズン82勝54敗、MLB最高勝率チームに返り咲いた。

もはや誰も到達したことのない領域をひた走る大谷のバットは、9月に入っても止まらない。9月6日には第45号本塁打を放ち、45／45に到達。この時点でドジャースの残り試合は21。前人未到の50／50も現実味を帯び始め、アメリカ国内では達成の日、「X DAY」の予想が盛んに報道され始めた。

9月8日に行われた本拠地でのガーディアンズ戦ではキャリアハイに並ぶ第46号本塁打を放ち、シーズン101打点、161安打の自己最多記録も更新。

9月11日のシカゴ・カブス戦で打球角度19度の弾丸ライナー第47号本塁打を記録して本塁打数でも自己最多を更新する。

さらに9月17日、敵地ローンデポ・パークで行われたマイアミ・マーリンズ戦では第48号本塁打を放ったが、この一本がMLB通算219本目となり、シアトル・マリナーズ、クリーブランド・インディアンス（現ガーディアンズ）、シンシナティ・レッズ、テキサス・レンジャーズで16年間プレーして通算218本塁打を記録した韓国出身のチュ・シンスを超え、アジア出身選手最多本塁打記録を更新した。

そして9月19日――敵地でのマーリンズ戦がMLBに新たな歴史を刻む一試合になる。前日の試合で1盗塁を記録してこの時点で大谷の記録はシーズン48本塁打／49盗塁。1回表の第1打席、二塁打で出塁した大谷は、4番捕手スミスの時に三盗に成功してシーズン50個目の盗塁を記録。さらに2回表の第2打席ではライト前ヒットで出塁後、二盗に成功して51盗塁。第3打席での二塁打を挟み、6回表の第4打席、相手投手は3番手ジョージ・ソリアーノ。2球目のスライダーを捉えた打球は右中間スタンド2階席に突き刺さる第49号本塁打となり、ついに偉業に王手をかける。

迎えた7回表の第5打席。マウンドには4番手マイク・ボーマン。1ボール2ストライクからボーマンが投じた4球目のナックルカーブを上手くバットに乗せた打球は、左中間方向に打ち上がり、フェンスを越え、スタンドに消えていった。この瞬間にMLB史上、誰も成し得なかった、誰も想像していなかった、前人未到の50／50が達成された。

しかし、伝説はまだ終わらない。偉業達成の熱も冷めやらぬ9回表の第6打席、マウンドには野手登板のビダル・ブルハン。2ボールからブルハンが投じた3球目は110キロのスローボール、容赦なく強振した打球は右中間スタンド2階席に着弾する特大の第51号本塁打となった。この日、大谷は史上初の50／50を達成しただけでなく、日本人選手初となる1試合3本塁打を3打席連続本塁打で記録。さらには1試合6打数6安打、3本塁打、10打点、2盗塁をマーク。シーズン50本塁打、1試合10打点はチーム記録。1試合3本塁打＆2盗塁はMLB史上初、1試合10打点＆6安打＆5長打もMLB史上初という異次元の打撃を敵地で見せつけた。

40／40は記憶に残る達成だったが、この日の50／50は記憶にも記録にも残る達成となった。この日、マイアミで起こった奇跡。その奇跡を目撃して、歴史の証人になったのは、1万7560人の観客だった。

また、この日の大勝でドジャースのポストシーズン進出が決定。試合後、大谷は「本当に勝ててよかったですし、早く決めたいなと思っていたので、一生忘れられない日になるんじゃないかと思う」とコメント。プレーオフ進出決定についても「チームは替わったけどＭＬＢに来てずっと夢に見ていた。チームとしてもいい勝ち方ができて素晴らしい日になった」と喜びを表現した。

9月20日、本拠地ドジャー・スタジアムで行われたコロラド・ロッキーズ戦。50／50達成の凱旋試合《がいせんじあい》となったこの日、スタンドには4万９０７３人のファンが詰めかけ、大谷の打席ごとに「スタンディング・オベーション」と「ＭＶＰ」コールが巻き起こった。そんな中で回ってきた5回裏の第3打席、相手先発左腕カイル・フリーランドが投じた6球目のフォーシーム、振らなければ高めのボール球を強振した打球は、放物線を描きながらセンターバックスクリーンに消えていく第52号本塁打。7回裏に一塁内安打で出塁した大谷は、二盗に成功。打ったら走る、走ったら打つで52／52に到達し、本拠地の大歓声にプレーで応えてみせた。

そして9月26日、本拠地で行われたサンディエゴ・パドレス戦。大谷は5打数3安打1打点の活躍で勝利に貢献。パドレスを下したドジャースが、3年連続、通算22回目の地区優勝を果たした。ＭＬＢ移籍7年目で初めて味わう地区優勝のシャンパンファイトで大谷は、「ホームで優勝を決める事ができて最高です。シャンパンファイトもメジャーに移籍してから、ずっとやりたいと思っていたので幸せな気持ちです」さらにシャンパンファイトを終えて、「最高でしたね。あと、まだまだ何回もできるように、今シーズンもまだまだあるので頑張りたいと思います」とコメント。

自身が求め続けていた「ヒリヒリした9月」は最高の形で締めくくられ、大谷は月間打率3割9分3厘、10本塁打、32打点、16盗塁を記録してドジャース移籍後初の月間MVPを受賞。シーズンでは、159試合、打率3割1分0厘、54本塁打、130打点、59盗塁を記録して、ナショナル・リーグ本塁打王と打点王の二冠王を獲得。

飛躍的に増加した盗塁に関して、一塁ベース上で大谷と頭を合わせる「ヘッド・バンプ」を行ってきたクレイトン・マッカロー一塁ベースコーチ（2025年からマイアミ・マーリンズ監督就任）は「相手投手の体重移動、頭の傾き、グローブの微妙な動きなど、小さな変化を見つけてくる。翔平本人が投手だから、そこもアドバンテージになっている。私が教えるよりも、私が翔平に教えてもらう事の方が多かったよ」と回顧している。

驚異的なレギュラーシーズンを終えて大谷は「今までの記録は、やっている人が少ない中での記録が多かった。比較対象が多い中での新しい記録という意味では、自分にとって違いはある」と語ったが、パドレスのルイス・アラエズとの首位打者争いに4厘差で敗れ、三冠王獲得を逃した事については「それはあんまり考えてなかったですかね。どのくらいの差があるのかも、ちょっとよくわかってないですし、とりあえず自分のいい打席を送りたいなと思っていました」と振り返った。

左肩脱臼のアクシデントを乗り越え、移籍1年目で世界一に

レギュラーシーズンで前人未到の偉業を成し遂げた大谷は、勢いそのままに自身初となるポストシーズンへと挑むことになる。

10月5日、本拠地ドジャー・スタジアムで行われたディビジョンシリーズ第1戦。対戦相手はシーズンでは5勝8敗と負け越している同地区最大のライバル、サンディエゴ・パドレス。1回表、ドジャース先発山本由伸に襲いかかったパドレス打線は、マニー・マチャドの本塁打などで3点を先制。

しかし2回裏、2死1、2塁で回ってきた第2打席、大谷のバットが火を噴く。相手先発ディラン・シースが投じた4球目、高めのフォーシームを強振、打球はあっという間に、満員のライトスタンドに消えていく同点3ラン本塁打。打った瞬間、大谷は大きな叫び声

をあげ、豪快なバットフリップを見せた。これほどまでに大谷の感情が爆発したシーンは、そうある事ではない。ポストシーズン初安打、初本塁打を記録した大谷の活躍もあり、チームは7対5で勝利。試合後、大谷は「素晴らしい試合になった。初戦の入りは固くなるところで相手に3点を取られたが、いい形で早めに同点に追いつく事ができたので、いい流れを持ってこられたかなと思う」とコメント。

しかし第2戦は、パドレス先発のダルビッシュ有が大谷を完全に封じ込めて、7回被安打3、奪三振3、与四球2、1失点という完璧な投球を披露して1勝1敗のタイに。第3戦もパドレスが2回裏に一挙6点を奪い、逃げ切って勝利し、リーグチャンピオンシップシリーズ進出に王手をかけた。

2年連続ディビジョンシリーズで敗退しているドジャースに対して、アメリカのメディアは、「大谷の素晴らしいシーズンが終わる」など、悲観的に報道。しかし、大谷は敗戦後、「あとはシンプルに2勝するという事だけを考える。今日終わった事は終わった事で、明日切り替えて頑張りたいと思います。今日も劣勢からしっかりとあそこまで、追い上げたし、そこは自信を持っていいと思う。あとは流れを持って来られれば、必ず2連勝できるんじゃないかと思います」とコメント。その後、大谷の言葉通りに流れを掴んだドジャースは2試合連続完封勝利を記録して難敵パドレスを撃破する。

リーグチャンピオンシップシリーズの相手は、ドジャースと最高勝率を争ったスター軍団フィラデルフィア・フィリーズを破って勝ち上がってきたニューヨーク・メッツ。レギュラーシーズンではドジャースの4勝2敗。

10月16日、1勝1敗で迎えた敵地シティ・フィールドでの第3戦、大谷は8回表に試合を決定づける3ラン本塁打を記録。10月17日、敵地シティ・フィールドで行われた第4戦。1回表、大谷が試合の流れを作る先頭打者本塁打を記録する。その流れに乗りドジャースは10対2で完勝。第5戦はメッツが12対6で勝利し、舞台は再びドジャー・スタジアムへ。10月20日、本拠地ドジャー・スタジアムで行われた第6戦。ドジャースはポストシーズンで常套手段になった「ブルペンデー」で勝利してワールドシリーズ進出を決めた。

ワールドシリーズは、1981年以来、12回目となるロサンゼルス・ドジャース対ニューヨーク・ヤンキース。ワールドシリーズを控えた大谷は、「いよいよ始まるなという、今はそういう興奮している気持ち」名門対決については「特別な試合だとは、もちろん思いますし、ただ僕自身は初めてなので、なるべく冷静に自分のプレーをできるようにしたいなと思っています」とコメント。

10月25日、本拠地ドジャー・スタジアムで行われた第1戦。2対3で迎えた延長10回裏、先頭の7番スミスがライトフライ、8番ラックスが四球で出塁、9番エドマンが内安打で出塁、打席に大谷を迎えた所でヤンキースは、故障から復帰したばかりの本来先発左腕のネスター・コルテスを起用。コルテスは1球で大谷をファールフライに仕留めて、2死1、2塁。2番ベッツを申告敬遠で歩かせ、2死満塁で打席にはフリーマン。足首の捻挫を押して出場を続けるフリーマンは、後日発覚するが、この時には肋骨《ろっこつ》を骨折していた。大歓声に包まれる中、コルテスが投じた初球、インコース低めのファーシームをすくい上げたフリーマンの打球は、ロサンゼルスの空に舞い上がり、総立ちのファンが埋め尽くす右中間スタンドに消えていった。ワールドシリーズ史上初となる逆転サヨナラ満塁本塁打。1988年ワールドシリーズ第1戦、左ハムストリングと右膝の故障で、プレーできない状態のカーク・ギブソンが代打サヨナラ本塁打を記録したのは午後8時38分、フリーマンが史上初の一本を放ったのは午後8時39分。1988年と同じく、この一本が全てを決したと言っていいかもしれない。

大谷はワールドシリーズ第2戦、二盗を試みた際に左肩を亜脱臼。その後も痛み止め注射やテーピングで患部を固定してプレーを続けた。ワールドシリーズ終了後、大谷は「最後まで一番長いシーズンを戦えて光栄に思いますし、このチームに来て1年目にこういう結果に立ち会えて、すごく光栄だと思います」とコメント。

2024年シーズンが終わり、大谷は指名打者史上初となるMVPを獲得。両リーグでの獲得は、フランク・ロビンソン以来史上2人目。前人未到のシーズンは、いまや恒例となった受賞ラッシュで幕を閉じた。もはや、なにがすごいか、解らなくなってしまうほどの快挙の連続だった。ベーブ・ルースの全盛期をライブで見るのか、サイ・ヤングの全盛期をライブで見るのか、大谷の全盛期をライブで見るのか、どれかひとつを選ぶとしたら、大谷を選ぶだろう。大谷がプレーする時代に生まれた事に感謝するしかない。

第2章

ドジャースと日本人メジャーリーガー

野茂英雄から佐々木朗希まで――ドジャーブルーをまとった日本人選手たち

2024年の大谷翔平、山本由伸、2025年の佐々木朗希を含め、過去にドジャースに所属した日本人選手は実に12人にのぼる。ドジャースが日本人にとってもなじみ深い球団なのは、そんな理由もあるはず。ここでは、日本人メジャーリーガーの先駆者である野茂英雄から始まった「ドジャーブルーと日本人」の系譜を、改めて紐解いていきたい。

日本人メジャーリーガーの扉を開いたパイオニア・野茂英雄

「ドジャースの一員となった、この日は生涯忘れません」

1995年2月13日、この日から全てが始まった。近鉄バファローズから任意引退扱いになっていた野茂英雄が契約金200万ドル、年俸はわずか10万ドルのマイナー契約でロサンゼルス・ドジャースと契約を締結したのだ。

MLBはその前年となる1994年8月12日、年俸総額を設定する「サラリーキャップ」の導入を求めるオーナー側に対して、選手会が断固拒否してストライキに突入。MLB史上8回目のストライキは1995年4月2日に正式終了したが、1904年以来となるワールドシリーズの中止など、北米4大プロスポーツ史上最長となる232日間も続いた。

1995年4月25日、144試合に短縮されたシーズンがロサンゼルス・ドジャース対フロリダ・マーリンズの一戦で開幕。野茂はドジャースのスプリング・トレーニング施設、フロリダ州ベロビーチで調整を続け、MLBが開幕を迎えた時期にドジャース1Aのベイカーズフィールド・ブレイズに合流し、4月27日、サンディエゴ・パドレス傘下ランチョ・クカモンガ・クエイクス戦に先発。この日の登板が野茂にとってのアメリカ国内デビュー戦。90球の球数制限が設けられる中、5回1／3を投げ、マイナーでの調整が1試合のみで終了する。

5月2日、サンフランシスコ・ジャイアンツの本拠地キャンドルスティック・パーク。1回表、ドジャースの攻撃が無得点に終わり、背番号16番のユニフォームに袖を通した野茂がゆっくりとマウンドに向かった。渡米前、メジャー挑戦について「希望はあるが、不安はない」と語っていた野茂がメジャーの舞台で初めて対戦するのはジャイアンツの1番中堅手ダレン・ルイス。1994年にゴールドグラブを初受賞した名手ルイスから、メジャー初奪三振を記録。続く2番二塁手ベテランのロビー・トンプソンは一塁フライ。3番左翼手バリー・ボンズに対しては、3ボール2ストライクからの6球目を選ばれて四球を与え、4番三塁手マット・ウィリアムス、5番右翼手グレナレン・ヒルにも連続与四球で2死満塁の大ピンチ。

しかし、迎えた6番遊撃手ロイス・クレイトンを2ボール2ストライクから伝家の宝刀フォークで三振に斬って取る。

これが1964年9月1日、ニューヨーク・メッツの本拠地シェイ・スタジアムでサンフランシスコ・ジャイアンツの一員としてMLBデビューを飾った村上雅則、通称マッシー・村上以来となる日本人メジャーリーガーが誕生した瞬間だった。その後、野茂は5回を投げ、奪三振7、与四球4。打たれた安打は3回裏にトンプソンに打たれた二塁打の1本のみという見事なデビューを飾る（勝敗はつかず）。

しかし続く登板となった5月7日、コロラド・ロッキーズの本拠地クアーズ・フィールドでのデビュー2戦目は3番右翼手ラリー・ウォーカー、5番左翼手ダンテ・ビシェットにそれぞれ本塁打を打たれるなど7失点の大炎上。ただ、試合は12対10でドジャースが勝利したために負けは付かなかった。

以降もデビュー4先発目となった5月17日、本拠地でのピッツバーグ・パイレーツ戦で7回14奪三振を記録するなど好投を続けた野茂だが、デビュー月となった5月は6先発、0勝1敗、防御率3・82でMLB初勝利は記録できず。

迎えた6月2日、本拠地で行われたニューヨーク・メッツ戦。2回表、4番左翼手ボビー・ボニーヤに先制ソロ本塁打を打たれた野茂だったが、その後は相手先発で1985年、1989年とサイ・ヤング賞を2回受賞したブレッド・セーバーヘイゲンと素晴らしい投手戦を演じて、8回、被安打2、6奪三振、与四球3、失点1でMLB初勝利を記録。この1勝を機に全米を巻き込む「ノモ・マニア」旋風が巻き起こる。

6月14日、敵地スリーリバー・スタジアムで行われたピッツバーグ・パイレーツ戦でドジャース新人記録となる1試合16奪三振を記録。6月24日、本拠地で行われたジャイアンツ戦では日本人投手初完封。6月14日のパイレーツ戦から6月29日のロッキーズ戦までの4試合で合計50奪三振をマークし、4試合での奪三振数としてはサンディー・コーファックスを超えるドジャース新記録を樹立する。６月の月間成績は６先発で６勝０敗、防御率０・89、50回１／３を投げて奪三振60、与四球16を記録して月間最優秀投手賞を初受賞した。

「小さいころから速い球を投げたいという事を思っていたら、今の投球フォームになった」と本人が語る独特の「トルネード投法」と伝家の宝刀「フォーク」を武器に快進撃を続けた野茂は、テキサスで行われた球宴にも初選出され、最大の名誉とされる先発投手を務めた。「大金持ち対金持ち」の醜い喧嘩《けんか》と称された未曾《みぞう》有のストライキでファン離れが叫ばれていた１９９５年シーズンだが、「ノモ・マニア」の影響でファンがボールパークに戻ってくる大きな転機となった。

後半戦もローテーションを守った野茂は、シーズン13勝６敗、防御率２・54、奪三振２３６、３完封を記録。９回平均の奪三振率11・１は１９６２年にサンディー・コーファックスが記録した10・５を超えるドジャース新記録となった。さらに防御率は１・63を記録したブレーブスのグレッグ・マダックスに次ぐリーグ２位、奪三振と完封数はリーグ最多を記録して日本人初となる新人王を獲得。この時、野茂と新人王を争ったのは、２０１８年に殿堂入りを果たしたブレーブスのチッパー・ジョーンズ三塁手だった。

MLB移籍1年目から全米に「ノモ・マニア」旋風を巻き起こした野茂英雄

野茂英雄が世間の厳しい声と闘い、押し開けた重い扉は、その後も閉じることなく、日本人選手が通り続けている。

ドジャースと日本を繋げた、ふたりの男の存在

実は野茂英雄がドジャースのユニフォームに袖を通すはるか昔にも、ドジャースの歴史に名を刻んだ日系人がいた事をご存じだろうか。

１９２３年４月16日、日本人移民の子供としてワシントン州シアトルで生まれた川野延、通称ノブ・カワノ。カワノには１９２１年６月４日に生まれた兄ヨシュ・カワノがいた。家族は数年後、カリフォルニア州に移住。野球好きの兄弟だったが、戦争の暗い足音が聞こえてくる時代、実際にプレーする機会はほとんどなかったと言われている。第二次世界大戦中、家族はアリゾナ州の戦争移住センターに収容された。その後、１９４２年頃から兄ヨシュがシカゴ・カブスのクラブハウスの仕事につき、弟ノブは１９５９年からドジャースのクラブハウスの仕事についた。

１９６０年シーズン後、コーファックスが引退を決意して野球道具をゴミ箱に投げ捨て、

クラブハウスを出ていった後に、ノブはその野球道具を拾い上げた。そして翌年のシーズン前に「これが必要になるかも知れない」と磨き上げた野球道具をコーファックスに返したという。2022年にドジャー・スタジアムで行われた銅像の除幕式でコーファックスは、自身の銅像を見つめながら「ノブは私の良き友人でした」と語った。

またある時、体重を気にしていたラソーダ監督のユニフォームの背中の名前を「ラソーダ」から「ラザニア」に書き換えるイタズラを選手とともに実行するなど、ドジャースに欠かす事ができない一員だった。1991年に退職するまで、長きに渡りドジャースの一員だったノブは、2018年7月27日に95歳でこの世を去った。

兄ヨシュもカブスに無くては成らない存在だったという。1981年にリグレー一族からシカゴ・トリビューン社にカブスが売却された時に、リグレー一族はヨシュの終身雇用をシカゴ・トリビューン社に求め、了承された。殿堂入りを果たしたライン・サンドバーグは、式典でのスピーチでヨシュに感謝の言葉を残した。ヨシュとサンドバーグは特別な友人関係で結ばれていて、もし、リグレー・フィールドの名称を変更するならば、「ヨシュ・カワノ・フィールド」にするべきだと発言した事もあった。2008年に退職したヨシュは2018年6月25日に死去。享年97歳だった。球団関係者全てに愛されたカワノ兄弟は、わずか1ヶ月違いで偉大な選手達が待つ天国へと旅だった。

そして、ドジャースと日本人との繋がりを語る上でもっとも重要な役割を果たしたのが生原昭弘、通称アイク・生原だ。1937年1月20日に福岡県で生まれた生原は、早稲田大学に進学。卒業後、リッカーミシンに入社して社会人野球で活躍した。1961年には亜細亜大学硬式野球部監督に就任。1965年、日本野球創設期に尽力した日本野球史最大のキーパーソン、当時読売ジャイアンツの顧問を務めていた鈴木惣太郎にドジャースのオーナー、ウォルター・オマリーを紹介してもらい、野球探究の為に渡米し、ドジャース傘下、パシフィックコーストリーグ所属の3Aスポケーン・インディアンズの用具係として働き始めた。

渡米当初は英語が喋《しゃべ》れず苦労の連続だったが、スパイク磨きやユニフォームの洗濯など、汚れ仕事を黙々と完璧にこなす姿に感銘を受けたドジャース球団から信頼される存在となっていく。1982年にはウォルター・オマリー会長の息子、ピーター・オマリーの補佐役として国際担当に就任。その後、読売ジャイアンツや中日ドラゴンズのベロビーチ・キャンプを実現するなど日米の架け橋として活躍した。ウォルターから息子のピーターに代替わりした後もオマリー一族とは長年強固な絆《きずな》で結ばれたが、1992年10月26日に55歳の若さでこの世を去った。なお、生原の亡骸はオマリー一族が眠る墓地の横に埋葬されている。

ドジャースと日本野球の大きな架け橋となり「ドジャースと結婚した男」と称される生原だが、残念ながらドジャースのユニフォームに袖を通した日本人選手を見る事はなかった。大谷がドジャースと契約を結んだ際には、日本とドジャースの繋がりの中で、生原の功績の大きさも語られていた。野茂自身も「自分が1995年にメジャーで投げた事は、日本人や現地の日系人にとってすごく大きなでき事だったんだなと思えるようになった」と回顧している。

野茂英雄と石井一久、ふたりの日本人がドジャースで競演

話を野茂に戻そう。ルーキーイヤーを最高の形で終えた野茂は1996年、ドジャースと3年430万ドルで契約延長に合意。在籍期間には日米通算100勝、「打者天国」と呼ばれたコロラド・ロッキーズの本拠地、クアーズ・フィールドでのノーヒット・ノーラ

ン達成、MLB史上2人目となる新人から3年連続のシーズン200奪三振、当時MLB最速となる444回2／3での通算500奪三振など、数々の記録を樹立。

契約最終年の1998年シーズン中にニューヨーク・メッツにトレード移籍するが、以降もメッツを含めた4球団を渡り歩き、ボストン・レッドソックス時代の2001年4月4日、ボルチモア・オリオールズ戦で自身2度目となるノーヒット・ノーランを達成。両リーグでの達成はノーラン・ライアン以来MLB史上4人目の快挙だった。同年に自身2度目となる奪三振王のタイトルを獲得した野茂は、2001年12月19日、古巣ドジャースと2年1375万ドルで契約を結び、第二期ドジャース時代が始まった。


野茂のドジャース復帰と時を同じくして2002年、ドジャースにもうひとりの日本人メジャーリーガーが誕生する。ポスティング・システムでMLB入りを目指していた石井一久投手が3年1230万ドルで契約。

ふたりの日本人投手がドジャースの先発ローテーションに名を連ねた2002年シーズン、先にマウンドに立ったのは野茂だった。4月3日、本拠地ドジャー・スタジアムで行われたサンフランシスコ・ジャイアンツ戦。1回表、1番中堅手新庄剛志に与四球、2番

石井一久は野茂とともにドジャースの先発ローテーション入りを果たした

遊撃手リッチ・オウリリアにセンター前ヒットを打たれ、続く3番左翼手バリー・ボンズに特大の3ラン本塁打を打たれて3失点。その後も制球が定まらず、3回を投げて与四球6、被安打6、4失点でKOされる。それでもシーズン2先発目となった敵地でのジャイアンツ戦でドジャース復帰後初勝利を記録した野茂は、4月に5先発、2勝3敗、防御率2・35を記録する上々の出足を見せた。

一方の石井は4月6日、本拠地ドジャー・スタジアムで行われたコロラド・ロッキーズ戦でMLBデビュー。1回表、1番中堅手マーク・リトルをセカンドフライ、2番遊撃手ファン・ウリベを空振り三振、2020年に殿堂入りを果たした3番右翼手ラリー・ウォーカーを見逃し三振に斬って取り、最高の立ち上がりを見せる。その後も奪三振ショーは続き、デビュー戦で5回2／3を投げ、奪三振10、被安打2、与四球3、無失点の好投でMLB初先発初勝利。ロサンゼルス移転後、ドジャースでのデビュー戦10奪三振は、1992年7月3日のペドロ・アスタシオに並ぶ球団タイ記録だった。ここから石井の快進撃が始まり、敵地でのサンディエゴ・パドレス戦、敵地でのコロラド・ロッキーズ戦、敵地でのピッツバーグ・パイレーツ戦、敵地でのシカゴ・カブス戦、そして、本拠地でのカブス戦まで、デビューから6先発6連勝を記録。この記録は1981年にフェルナンド・バレンズエラが記録した8連勝に次ぐ球団新人歴代2位の快挙だった。

5月15日、本拠地ドジャー・スタジアムでのニューヨーク・メッツ戦で7回1失点の好投も報われずMLB初黒星を喫した石井だが、その後も好投は続き、6月8日、敵地でのボルチモア・オリオールズ戦で早くもシーズン10勝目をあげる。ドジャースの消化61試合での二桁勝利は、1991年にラモン・マルチネス（ペドロ・マルチネス投手の実兄）が消化60試合で二桁勝利を記録して以来の記録だった。

一方、野茂は5月12日、敵地でのフロリダ・マーリンズ戦で早くもシーズン5敗目を喫したが、ここから一気に調子を上げていき、5月17日のモントリオール・エクスポス戦から7連勝を記録。最終的には自己最多に並ぶシーズン16勝6敗、防御率3・39でシーズンを終えた。

尻上がりに調子を上げた野茂とは対照的に7月以降、勝ち星のペースが落ちた石井だったが、9月8日、本拠地でのヒューストン・アストロズ戦の4回表、1番中堅手ブライアン・ハンターの痛烈な打球が頭部を直撃するアクシデントに見舞われる。マウンドに倒れ込んだ石井は、すぐにサマリタン病院に緊急搬送され、約2時間に及ぶ緊急手術が行われた。不慮の事故により突然幕を閉じた石井のMLB1年目だったが14勝10敗、防御率4・27という数字は堂々たる成績と言っていいだろう。なお、石井が記録した与四球106はリーグ1位、野茂の101はリーグ2位となった。

野茂、石井に木田優夫が加わり、日本人投手が3人に

2003年2月5日には木田優夫がドジャースとマイナー契約を締結し、日本人投手が3人になる。木田は1998年から2シーズン、デトロイト・タイガースでプレーしたが契約満了に伴い一度はNPBに復帰。

34歳となった2003年に再びMLBへの移籍を果たしたが契約後、交通事故に巻き込まれて足を骨折。全治6週間と診断され、2度目の挑戦は波乱のスタートとなった。当時ドジャースの3Aだったラスベガス・51sで調整を続けた木田は、8月15日、敵地リグレー・フィールドで行われたシカゴ・カブス戦で背番号60のユニフォームをまとい、2000年5月17日以来となるMLB復帰を果たす。しかも復帰戦はMLB初先発。ただ、5回

木田優夫はドジャースがMLB2球団目となった

2失点の好投も虚しく、MLB初黒星を喫する。登板後、マイナーに戻された木田だが、9月22日に再昇格して敵地クアルコム・スタジアムで行われたサンディエゴ・パドレス戦でリリーフ登板。9月27日、敵地パシフィックベル・パークで行われたダブルヘッダーの2試合目に先発した木田は、5回を投げ、被安打8を記録しながら粘りの投球を続けて2失点、自責点1と踏ん張ったが、勝敗は付かず。木田のドジャース1年目は、3登板2先発、0勝1敗、防御率3・00で終わった。

一方、ドジャース復帰2年目となった野茂英雄は前年に続きこのシーズンもエース級の投球を見せる。3月31日、敵地バンクワン・

ボールパークで行われたアリゾナ・ダイヤモンドバックスとの開幕戦で開幕投手に指名されると、９回を投げて被安打４、奪三振７、与四球１と素晴らしい投球を見せて完封勝利を記録。

ロサンゼルス移転後、開幕戦完封勝利は１９６４年サンディー・コーファックス、１９７４年ドン・サットン、１９８１年フェルナンド・バレンズエラ以来４人目の快挙だった。さらに４月20日、本拠地ドジャー・スタジアムで行われたジャイアンツ戦でＭＬＢ通算１００勝目を記録。節目の記録に野茂は「１００勝くらいで満足するためにメジャーに来たわけではない」とコメント。シーズン後半に右肩に炎症を起こしたものの、33先発、２１８回１／３を投げ抜いた。シーズン16勝はナショナル・リーグ５位タイ、防御率３・09はリーグ６位、投球回数はチーム最多。そして、デーゲームで記録したシーズン防御率０・83は、１９６０年以降では歴代１位の好成績となった。

ルーキーイヤーの頭蓋骨骨折からの復帰となった２年目の石井一久も先発ローテの一角として活躍。実戦復帰戦となったスプリング・トレーニングの試合で初めて対戦した打者は、皮肉な事にあのブライアン・ハンター。そして、結果もピッチャー返しの打球だった。

シーズン初先発のパドレス戦で3回2／3を投げ5失点を記録したものの、その後は4連勝を記録。1年目同様に前半戦は素晴らしい投球を見せて、8勝3敗、防御率2・94でシーズンを折り返す。

しかし後半戦に入ると古傷の左膝痛を再発させて約1ヶ月間の故障者リスト入り。故障の影響も有り後半戦は1勝4敗、防御率6・07。2年連続で後半戦に失速したものの、27先発で147回を投げ、9勝を挙げるなどローテーション投手としては及第点と言っていい成績を残した。

3人の日本人投手がそろってチームを去る

2004年、野茂は2年連続開幕投手を務めたが、4月27日のメッツ戦から9月1日のダイヤモンドバックス戦にかけて自己ワーストとなる10連敗を記録。その間、右肩炎症で2度故障者リスト入り。9月17日、敵地クアーズ・フィールドで行われたロッキーズ戦では、立ち上がりから大乱調で1回1／3を投げ、被安打5、被本塁打1、与四球3、奪三振2、失点5でKO。

1996年にノーヒット・ノーランを記録したクアーズ・フィールドでの、この日の登板が野茂英雄にとってドジャーブルーのユニフォームをまとい、投げた最後の日となった。

MLB3年目を迎えた石井は、4月に4勝1敗を記録して、例年通り素晴らしい開幕ダッシュを決めた。5月は月間防御率2・93を記録するなど、前半戦だけで10勝をマーク。4月25日のジャイアンツ戦では9回、被安打4でMLB初完封を果たすと、7月7日のダイヤモンドバックス戦でも立ち上がりから安定感を発揮し、4回終了時点で走者をひとりも許さない完全投球。5回表、先頭の4番左翼手ルイス・ゴンザレスにこの試合初の走者となる与四球、続く5番一塁手シェイ・ヒーレンブランドに初安打となるレフト前ヒットを打たれたが、この日打たれたヒットはこの一本のみ。9回103球を投げ切り、1安打完封。あわや完全試合、あわやノーヒット・ノーランと言う快投を見せた。

しかし、後半戦に入ると過去2年同様に失速。シーズンでは13勝8敗、防御率4・71をマークしたものの、10月3日、本拠地で行われたジャイアンツ戦の先発がドジャース最後の投球となった。

移籍2年目の木田はこの年、マイナーが主戦場でドジャースでは3登板のみ。8月27日、敵地シェイ・スタジアムで行われたニューヨーク・メッツ戦で3番手として2回を投げ、無失点に抑えたが、それからわずか5日後の9月1日、ウェーバー経由でシアトル・マリナーズへの移籍を発表。

野茂英雄、石井一久、木田優夫。ドジャースの日本人投手3人は、奇しくも同じ年にチームを去ることになった。

オールドルーキー・斎藤隆がクローザーとして大活躍

野茂、石井、木田がドジャースを去り、日本人不在となったドジャースだったが、2005年2月3日に中村紀洋とマイナー契約を結ぶ。中村は野手としては日本人で初めて、ドジャーブルーのユニフォームに袖を通した選手になった。

開幕はマイナースタートとなるも、4月10日、敵地バンクワン・ボールパークで行われたダイヤモンドバックス戦、8回表、2死後、背番号66の中村が代打で登場する。MLB初打席の相手は、マイク・コップラブ。2ボール2ストライクからコップラブが投じた6

球目を捉えた打球はライト前ヒットとなり、中村はＭＬＢ初打席初安打を記録した。

４月12日、本拠地ドジャー・スタジアムで行われたジャイアンツ戦では７番三塁手でＭＬＢ初スタメン。この試合では２回裏の第１打席で、ＭＬＢ初長打となる二塁打を放つも、以降は代打起用がメインとなる。

５月６日、敵地グレート・アメリカン・ボールパークで行われたシンシナティ・レッズ戦。７回表に代打で起用されるも三振に倒れ、９回表に回ってきた打席は三塁ゴロ。結果的にこの試合が中村がドジャースでプレーした最後の試合になった。シーズン通して出番に恵まれず、17試合出場、39打数５安打、打率１割２分８厘、３打点。ＮＰＢ時代、日本人ファンを沸かせた豪快な本塁打をＭＬＢで見せることはできなかった。一方で主戦場となった３Ａラスベガスでは、１０１試合、打率２割４分９厘、22本塁打、67打点を記録。シーズン終了後にはドジャースを退団し、わずか１年でＮＰＢに復帰している。

２００５年オフ、「たった一度でもいいから、メジャーで投げたい」と横浜ベイスターズを退団した斎藤隆。しかし、当時すでに36歳でシーズン３勝４敗に終わっていたベテラン投手に興味を示す球団は、あまりにも少なかった。

出場機会に恵まれず、わずか1年で退団した中村紀洋

斎藤隆はMLBを代表するクローザーとして活躍

それでもスプリング・トレーニングも間近に迫った2006年2月7日、斎藤はドジャースとマイナー契約を結ぶ。開幕は3Aラスベガスで迎える予定だったが、MLB開幕直後に2003年サイ・ヤング賞のクローザー、エリック・ガニエが右肘を故障して戦線離脱。4月7日、ガニエに代わってロースター入りを果たす。

4月9日、敵地シチズンズバンク・パークで行われたフィラデルフィア・フィリーズとのダブルヘッダー第1試合。斎藤は8回裏、1死1、2塁の場面で4番手としてマウンドに上がり、MLBデビュー。36歳のオールドルーキーは7番三塁手デビッド・ベルを注文通りのダブルプレーに仕留める落ち着いた投球を披露した。

その後、4月10日のピッツバーグ・パイレーツ戦でMLB初ホールド、4月18日のシカゴ・カブス戦でMLB初勝利を記録するなど、チーム内で徐々に存在感を高めていく。4月は中継ぎとして12登板、2勝0敗、防御率0・69を記録してセットアッパーの地位を確立すると、5月15日、敵地クアーズ・フィールドで8回から登板してMLB初セーブを挙げる。シーズン途中には右肘痛で故障者リスト入りしていたガニエが復帰するも、再び右肘を故障してシーズン全休。

ガニエの2度目の離脱を機に、リリーフとして好投を続けていた斎藤はドジャースの新クローザーに就任する。デビュー当時、ドジャース史上最高齢の新人だった男は、1年目に72登板、6勝2敗、24セーブ、防御率2・07を記録。24セーブは2005年にヤンシー・ブラゾバンが記録した21セーブを更新するドジャース新人記録。セーブ成功率92・3%はMLB全体3位の好成績だった。シーズン終了後、ドジャースは年俸100万ドル＋出来高30万ドルで斎藤と再契約。1年目を終えた斎藤は「マウンドでワクワクできる自分が、まだいた事に、うれしくなりました」とコメントを残している。

斎藤は翌2007年も開幕からクローザーとして活躍。4月は月間11登板、0勝0敗、7セーブ、防御率1・42、5月は10登板、1勝0敗、8セーブ、防御率1・93、6月は12登板、0勝0敗、7セーブ、防御率0・77を記録して球宴初選出を果たした。初選出された選手としては当時史上8番目の高齢、日本人では野茂英雄、イチロー、佐々木主浩、長谷川滋利、松井秀喜に次ぐ史上6人目。

後半戦も安定感のある投球を続けた斎藤は、最終的に63登板、2勝1敗、39セーブ、防御率1・40を記録。キャリア初セーブ機会から50セーブ機会を消化した時点でのセーブ成功率94%は、当時MLB歴代1位。さらにこの年は日本人投手史上最速（当時）となる99

マイルを計測。のちに本人に伺ったところ、「横浜時代の最後の方は、故障に苦しんでいた。その時から続けて来た地味なトレーニングが、実を結んだ結果が球速に現れたのかもしれない」と回顧してくれた。

オールドルーキーとしてデビューしながら、わずか2年間でＭＬＢを代表するクローザーに昇りつめた斎藤は、オフに年俸２００万ドル＋出来高20万ドルでドジャースと再契約を締結する。

２００８年、斎藤は38歳となり、ＭＬＢ3年目を迎える。前半戦は39登板、3勝3敗、17セーブ、防御率2・18を記録し、過去2シーズンと変わらぬ安定感を誇ったが、7月12日にアクシデントが起こる。本拠地ドジャー・スタジアムで行われたフロリダ・マーリンズ戦。3対3の同点で迎えた9回表、マウンドに上がった斎藤は先頭から2者連続三振を奪う。いつもと変わらない「クローザーのサミー」の投球と思われたが、ここでまさかの緊急降板。検査の結果、右肘靱帯捻挫《みぎひじじんたいねんざ》の診断を受け、故障者リスト入りしてしまう。

ここから、約2ヶ月間のリハビリを経て9月15日のパイレーツ戦で復帰を果たした斎藤だが、9月は6登板、1勝1敗、1セーブ、防御率4．76と精彩を欠く。

故障前の状態には戻らぬまま迎えたシカゴ・カブスとのディビジョンシリーズ第2戦。斎藤は9点リードという場面でマウンドに上がったが、いきなり3連打を浴び、1死も取れずに降板。続くリーグチャンピオンシップでは、ロースターから外れてしまう。シーズン終了後、FAとなった斎藤はボストン・レッドソックスへ移籍。MLBで夢を摑んだオールドルーキーのドジャースラスト登板は、結果として1死も取れず、悔しさだけが残る一戦となってしまった。

援護に恵まれない不運も、黙々と投げ続けた黒田博樹

斎藤にとってドジャース最後のシーズンとなった2008年、ひとりの日本人がドジャーブルーのユニフォームに袖を通した。NPBの広島東洋カープからFA宣言し、テキサス・レンジャーズ、シアトル・マリナーズ、アリゾナ・ダイヤモンドバックスなど、複数球団との争奪戦を制して獲得した黒田博樹だ。契約総額は3年3530万ドル。争奪戦の道中で4年契約を打診された黒田は、自身の著書の中で「戦地にいくつもりでアメリカにいく。4年間も苦しい事はできない。苦しい時間が短い方が自分は頑張れる。3年間でき

ちんとした成績を残せれば、４年目に同等かそれ以上の契約を交わせるはず」と回顧している。

黒田は２００８年４月４日、敵地ペトコ・パークで行われたサンディエゴ・パドレス戦でＭＬＢデビューを果たす。１回裏、１番右翼手ブライアン・ジャイルズを三塁ゴロに打ち取ると２番二塁手井口資仁《いぐちただひと》からＭＬＢ初奪三振を記録。続く３番三塁手ケビン・クズマノフを三塁ゴロに仕留め、三者凡退と抜群の立ち上がり。その後は６回裏、２死後に１番右翼手ジャイルズにＭＬＢ初失点となるソロ本塁打を打たれるものの、許した得点はこの１点のみ。７回を投げて被安打３、被本塁打１、奪三振４、与四球０、失点１と素晴らしい投球を見せ、ＭＬＢ初先発初勝利という満点デビューを飾る。

その後は試合を作っても勝ち星に恵まれない不運な展開が続いたが、デビュー10登板目となった5月21日、本拠地ドジャー・スタジアムで行われたシンシナティ・レッズ戦。この日は立ち上がりから制球力が良く、ゴロアウトの山を築くと99球で8回を投げ切り、被安打５、奪三振３、与四球２、失点２。最終回はクローザーの斎藤が完璧に抑えドジャースの勝利。黒田のＭＬＢ２勝目は、史上初となる同一試合で日本人投手に勝利とセーブが記録された試合となった。

ＭＬＢ1年目の黒田にとって最高の試合は7月7日、本拠地ドジャー・スタジアムで行われたアトランタ・ブレーブス戦だろう。1回表をゴロアウト2、奪三振1で三者凡退に仕留めると、そこから7回表まで打者21人を完璧に抑え込む。

この日、ドジャー・スタジアムに訪れた3万9896人は完全試合の目撃者になると思い始めた。

しかし8回表、先頭の4番一塁手マーク・テシェーラが黒田の5球目を弾き返し、鋭い打球がライト線を抜ける。記録が途切れた瞬間、ドジャー・スタジアムは大きな溜息《ためいき》とざわめきに包まれた。

それでも黒田は落ち着いて後続を打ち取り、9回表もゴロアウト3つで試合終了。9回、91球、被安打1、無四球、6奪三振でＭＬＢ初完封勝利をマークする。試合時間はわずか2時間3分。ドジャースの新人投手による1安打完封は1995年の野茂英雄以来。

ＭＬＢ1年目の黒田は好不調の波を繰り返しながら31先発で9勝10敗、防御率3・73を記録。さらにポストシーズンでは抜群の勝負強さを見せ、10月4日、カブスとのディビジョンシリーズ第3戦では6回1／3無失点。10月12日、フィリーズとのリーグチャンピオンシップシリーズ第3戦は6回2失点と2戦2勝を記録している。

2年目の2009年は、野茂英雄、松坂大輔以来、日本人史上3人目となる開幕投手を務めたが左脇腹、頭部に打球が当たるアクシデント、首痛などの影響で21登板しかできず8勝7敗、防御率3・76に終わる。最終的にMLBで7シーズンプレーした黒田だが、2009年の登板試合数、投球回数、勝ち星は自己最小で防御率は自己ワーストだった。

自ら選択した3年契約の最終年となった2010年。黒田はこの時点でのMLBでのキャリアハイシーズンを送ることになる。シーズン初先発となった4月9日、敵地サンライフ・スタジアムでのフロリダ・マーリンズ戦は8回を投げ、被安打5、奪三振7、与四球1、失点1、自責0の好投で勝利投手。その後も味方打線の援護には恵まれなかったが安定感ある投球を続け、前半戦は7勝7敗、防御率3・87で折り返す。

8月30日、本拠地ドジャー・スタジアムで行われたフィラデルフィア・フィリーズ戦。フィリーズは2007年から2011年まで地区5連覇を達成。1番遊撃手ジミー・ロリンズは2007年MVP、2番二塁手チェイス・アトリーは2005年から4年連続10

援護に恵まれない不運もありながら、エース格の働きを見せた黒田博樹

0打点、球宴選出6回。4番一塁手ライアン・ハワードは、2005年新人王、2006年MVP、本塁打と打点の二冠王を2回獲得するなど、錚々《そうそう》たるメンバーを揃《そろ》えるナショナル・リーグ最強チームだ。そんなチームを相手に、黒田は抜群の制球力と打者の手元で曲がる変化球で圧倒。7回1死までフィリーズ打線をノーヒットに抑え込み、1安打を許したものの7回2/3を投げて被安打1、奪三振7、与四球2、無失点。リーグ最強フィリーズ相手に完璧な投球を披露した黒田は、MLB初となるシーズン10勝目を手にした。

結果的に2010年は、31先発、11勝13敗、防御率3・39を記録。196回1/3を投げ、与四球はわずか48。9回平均与四球率は、ナショナル・リーグ5位タイとなる2・20。先発して勝ち負けがつかなかった試合は7。その7試合の防御率は3・15。31先発、11試合が援護点2以下。黒田本人が「勝ち負けは、どうする事もできないと、今年はつくづく感じている」と語っていたように、投球内容から考えると15勝以上を挙げてもおかしくないシーズンだった。

シーズン終了後、3年契約を満了した黒田は、古巣広島への復帰説が噂《うわさ》されるなど、その動向に注目が集まる。しかし11月15日、「ドジャースが必要としてくれるなら、第一に考えたかった」と語り、1年1200万ドルで再契約を締結。チームに残留した2011年だったが、前年同様に好投しても援護点に恵まれず、勝ち星が伸びない。前半戦終了時点で防御率3・06の好成績も、6勝10敗と負け星が先行する。

後半戦に入るとフラッグディール・トレードの注目選手になり、地区優勝争いを演じているチームへのトレード移籍報道が白熱しはじめる。しかし、「プレーオフの魅力はあったし、葛藤もした。昨年契約した時にドジャースでやると決めたし、その原点に戻りました」と語り、トレード拒否権を行使してドジャースに残留を決める。

すると、ここから勝ち運が舞い込みはじめ、8月14日から30日にかけて、当時、自己最高となる4連勝を記録。この期間の9回平均援護点は驚異の11・08点だった。8月以降に勝ち星を伸ばした黒田はシーズン32先発、13勝16敗、防御率3・07を記録。そして、MLBでは自身初となるシーズン200イニングを超える202回を投げた。この時点で、MLB通算50先発以上登板した日本人先発投手では、歴代1位となる通算防御率3・45を記録。2008年から2011年までの4年間の9回平均与四球率2・10は、この期間に500イニング以上投球した投手の中では、MLB3位の好成績だった。

シーズンが終わり、再びFAとなった黒田の動向は日本のみならずMLBでも大きな注目を集めたが、2012年1月26日、ニューヨーク・ヤンキースと1年1500万ドルで契約を結び、4年間プレーしたドジャースを去っていった。

異例の契約で4年間プレーした前田健太

黒田が退団して以降、日本人不在のシーズンが4年間続いたドジャースだったが、2016年1月7日、ポスティング・システムを利用してMLB移籍を表明していた前田健太と8年2500万ドルで契約を締結する。

しかし契約前のメディカル・チェックで右肘などに問題がある事が判明して、年俸総額を低く抑え込まれたため、1年目の年俸はわずか300万ドル。代わりに最大1015万ドルのシーズン出来高が設定されるという異例の契約となった。また、背番号は日本時代と同じ18に決定した。

4月6日、敵地ペトコ・パークで行われたサンディエゴ・パドレス戦。広島東洋カープの赤ではなく、ドジャーブルーに身を包んだ前田健太のMLBデビュー戦。1回裏、1番中堅手ジョン・ジェイをセカンドゴロ、2番二塁手コリー・スパンジェンバーグ（2020、2021年西武ライオンズでプレー）を三塁ファールフライ、かつてドジャースでプレーして2011年に本塁打と打点の二冠王に輝いたスター選手、3番右翼手マット・ケンプをレフトフライに打ち取り、上々の滑り出しを見せる。

しかしこの日、詰めかけた3万54人のファンを驚かせたのは、前田の打撃だった。2回表のMLB初打席は三振。迎えた4回裏1死、前田のMLB第二打席、0ボール2ストライクと追い込まれた3球目、前田が強振した打球は、あっという間にレフトスタンドに着弾するMLB初安打初本塁打になった。ドジャースの新人投手がデビュー戦で本塁打を記録したのは、1947年8月26日のパイレーツ戦でダン・バンクヘッドが記録して以来。投球ではなく打撃で敵地ファンを沸かせた前田は、本職の投手としても6回、被安打5、奪三振4、無四球、無失点の好投でMLB初先発初勝利を記録。

MLB2先発目となったダイヤモンドバックス戦も6回、無失点。デビューからの連続無失点は3試合目に14回2／3でストップしたが、4月を5先発、3勝1敗、防御率1・41という抜群の成績で終える。

7月10日、本拠地ドジャー・スタジアムで行われたサンディエゴ・パドレス戦では7回を投げて被安打2、無四球、与えた失点は5回表に6番捕手デレク・ノリスに打たれたソロ本塁打の1失点のみで、奪三振は自身初の二桁台となる13個を記録。

この日の勝利も含め、前半戦は18先発で8勝6敗、防御率2・95の好成績。後半戦は失点する試合が増えたが、それでも14先発、8勝5敗、防御率4・25を記録した。

同シーズン、ドジャースがポストシーズンに進出すると、前田はワシントン・ナショナルズとのディビジョンシリーズ、シカゴ・カブスとのリーグチャンピオンシップで計3試合に先発。10回2/3を投げて0勝1敗、防御率6・75と結果こそ残せなかったが、レギュラーシーズンでは32先発、16勝11敗、防御率3・48、175回2/3、奪三振179を記録。16勝はロサンゼルス移転後では1979年にリック・サットクリフが記録した17勝に次ぐ、球団新人投手2位。MLB全体でも新人投手の16勝は、ダルビッシュ有とウェイド・マイリーが2012年に記録して以来だった。また、規定投球回数をクリアした2016年の新人投手の中では、先発試合数、勝利数、被打率2割2分9厘、投球回数などで全体1位を記録。出来高は、先発試合数で満額回答の650万ドル、投球回数は225万ドルを獲得。シーズン後半戦からポストシーズンにかけては課題を残したが、1年目としては満点に近いシーズンを送った。

前田健太は4シーズン在籍し、先発ローテーションの一翼を担った

2017年は開幕から先発ローテーションに組み込まれたが、3、4月の月間防御率が6・58と振るわず。5月は月間防御率3・63と復調の兆しを見せたが、6月9日に本拠地ドジャー・スタジアムで行われたシンシナティ・レッズ戦で先発リッチ・ヒルの後を受ける形で6回からMLB移籍後初となるリリーフ登板。9回表に2010年MVPのジョーイ・ボットーにソロ本塁打を打たれたが、リリーフとして4回1失点の好投を見せて、広島時代を含め自身プロ野球人生初セーブを記録する。

6月18日に先発に復帰し、6月23日のロッキーズ戦で再びのリリーフ登板。その後は先発に固定され、6月18日から8月25日にかけて先発投手として8勝2敗、防御率2・70を記録。しかし、8月31日から9月21日にかけての4先発では、3回、5回、3回、3回と先発投手としてイニングを消化する事ができずに、ポストシーズンでは、先発ではなくリリーフでの起用が決定する。

迎えたポストシーズン。前田はリリーフとして抜群の安定感を発揮する。ダイヤモンドバックスと対戦したディビジョンシリーズでは2登板、1勝0敗、防御率0・00。カブスと対戦したリーグチャンピオンシップシリーズでは3登板、1勝0敗、防御率0・00。ヒューストン・アストロズと対戦したワールドシリーズでは4登板、0勝0敗、防御率1・59。ポストシーズン通算では7登板、2勝0敗、防御率0・84という圧巻の数字を残した。

この年は左ハムストリング痛で故障者リスト入りを経験しながら、シーズンでは29登板25先発、13勝6敗、1セーブ、防御率4・22、投球回数134回1／3、奪三振140を記録。1年目と比較してしまうと「2年目のジンクス」にはまった感は否めなかったが、本望ではないにしろ、ポストシーズンの活躍で溜飲《りゅういん》を下げた。

MLB2年目に先発とリリーフの両方を経験した前田は、3年目の2018年、さらにフル回転することになる。前半戦は先発起用を軸にしながら18登板16先発、7勝5敗、防御率3・12を記録。

しかし、後半戦に入ると8月10日のコロラド・ロッキーズ戦で先発したのを最後に、リリーフに配置転換。ドジャースはこの年もポストシーズンに進出したが、前田はシーズン後半の起用どおり、2シーズン連続で「リリーフ」としてワールドチャンピオンを目指すことになる。

ドジャースはディビジョンシリーズでアトランタ・ブレーブスを、リーグチャンピオンシップでミルウォーキー・ブルワーズを下し、2年連続でワールドシリーズに進出。前田も5試合にリリーフ登板するなど、前年に引き続きリリーフとしての存在感を発揮して見せた。

ボストン・レッドソックスとの対戦となったワールドシリーズでは2戦目、2対4とリードされた7回裏に4番手で登板し、2／3回を投げて無失点。日本人投手が2年連続ワールドシリーズで登板を果たすのは、この時の前田が史上初だった。

続く10月26日、本拠地で行われた第3戦。この試合はワールドシリーズの歴史に残る死闘となった。3回裏、1番左翼手ジョック・ピダーソンのソロ本塁打でドジャースが先制。その後は投手戦となったが8回表、2死後、レッドソックスの7番中堅手ジャッキー・ブラッドリー・Jr．がドジャースの守護神ケンリー・ジャンセンから値千金の同点ソロ本塁打を放ち、試合はそのまま延長戦に突入する。

延長13回表、レッドソックスは先頭の5番二塁手ブロック・ホルトが四球で出塁して盗塁に成功。続く途中出場のエドゥアルド・ニュネスのピッチャーゴロが一塁悪送球となり、ホルトが勝ち越しのホームイン。

しかしその回裏、ドジャース先頭の3番一塁手マックス・マンシーが四球で出塁、1死後、5番中堅手コディ・ベリンジャーが打ち上げた三塁ファールフライの間にマンシーが激走して二塁に進塁、続く6番ヤシエル・プイグのセカンドゴロをキンズラーが一塁悪送球でマンシーがホームに生還して、試合は再び振り出しに。

緊迫したまま迎えた延長15回表、7番手としてついに前田が登板する。ヒットと四球で無死1、2塁の大ピンチを招くも後続を抑えて無失点。イニングを跨《また》いだ延長16回には鮮やかな3者連続三振を記録し、流れを一気に引き寄せる。

そして延長18回裏、ドジャース先頭の3番マックス・マンシーが左中間スタンドに消えるサヨナラ本塁打を放って勝負あり。ワールドシリーズ最長となる延長18回、7時間20分に及んだ死闘に終止符が打たれた。

この勝利で対戦成績を1勝2敗としたドジャースだったが、劇的サヨナラ勝利の勢いを活かせずにその後、連敗。4勝1敗でレッドソックスがワールドシリーズを制した。前田はワールドシリーズで3登板、0勝0敗、防御率3・00を記録。レギュラーシーズンでは39登板20先発、8勝10敗2セーブ、防御率3・81。先発では6勝7敗、防御率3・85、リリーフでは2勝3敗2セーブ、防御率3・57。シーズン後には日米野球で来日し、マツダスタジアムで凱旋登板も果たした。

4年目となった2019年も開幕からローテーションを守り続けた前田だが、このシーズンでも最終9月にブルペンに配置転換。シーズン37登板26先発、10勝8敗、3セーブ、防御率4・04と、MLBでは自身3度目の二桁勝利をマークしている。

さらにワシントン・ナショナルズと対戦したディビジョンシリーズもリリーフ投手として4登板、0勝0敗、防御率0・00を記録。10月9日、本拠地ドジャー・スタジアムで行われた第5戦。2番手として緊急登板したクレイトン・カーショーが8回表にレンドンとファン・ソトに2者連続本塁打を打たれた直後に登板して3者連続三振を奪う。しかし、この時の見事な火消しが、結果的にドジャース最後の登板になる。4年目のシーズンを終え、5年目の開幕を控えた2020年2月10日、ミネソタ・ツインズとのトレードが成立して前田健太は8年契約の途中でドジャースを去ることになる。

わずか3ヶ月の在籍で存在感を示したダルビッシュ有

1988年以来となるワールドシリーズ進出を記録した2017年には、実はもうひとり、ドジャーブルーを身にまとった選手がいた。2012年1月18日、テキサス・レンジャーズと6年総額6000万ドルの契約を結んだダルビッシュ有だ。契約最終年を迎えた2017年は、シーズンが進むにつれてフラッグディール・トレードの話題が大きくなり、7月31日のデッドラインに、マイナー3選手との3対1のトレードがレンジャーズとドジャースで成立。トレード時点のダルビッシュのシーズン成績は22先発、6勝9敗、防御率4・01。この年は自身4回目となる球宴選出を果たしていた。

8月4日、敵地シティ・フィールドで行われたニューヨーク・メッツ戦。背番号21のユニフォームに袖を通したダルビッシュは移籍後初登板初先発。尻上がりに調子を上げていき、7回、被安打3、奪三振10、与四球1、無失点と完璧なドジャース・デビューを飾った。9月8日、本拠地ドジャー・スタジアムで行われたコロラド・ロッキーズ戦ではMLB史上最速となる812回投球、128試合で通算1000奪三振を達成。この試合も含めてドジャース移籍後は9先発で4勝3敗、防御率3・44を記録。特に圧巻だったのが、ポストシーズンに向けた最終3先発だ。2勝0敗、防御率0・47、19回1／3を投げ奪三振21、与四球はわずか1だった。

迎えたポストシーズンもアリゾナ・ダイヤモンドバックスとのディビジョンシリーズ第

3戦で5回0／3を1失点、シカゴ・カブスとのリーグチャンピオンシップ第3戦では6回1／3を投げて1失点と、2試合連続で勝利投手になる抜群の安定感を見せる。チームも順当に勝ち上がり、ワールドシリーズに進出。

ダルビッシュ自身にとっても、これが初のワールドシリーズ出場。悲願の世界一へ、絶好調のままシリーズに挑んだが……ここに誰もが予想できない落とし穴が待っていた。

10月27日、敵地ミニッツメイド・パークで行われた第3戦に先発したダルビッシュは1回裏、1番中堅手ジョージ・スプリンガーに二塁打を打たれるが後続を打ち取って無失点。しかし2回裏、先頭の5番一塁手ユリ・グリエルにソロ本塁打を浴び、6番右翼手ジョッシュ・レデックに二塁打、7番指名打者エバン・ギャティスに四球を与え、8番左翼手マーウィン・ゴンザレスと9番捕手ブライアン・マッキャンに連続タイムリーを打たれる。1番スプリンガーがセカンドライナーで、ようやく1死を奪うも、2番三塁手アレックス・ブレグマンの犠牲フライでさらに失点。続く3番二塁手ホセ・アルテューベに二塁打を打たれたところで降板し、まさかの1回2／3で4失点KO。

さらに11月1日、本拠地ドジャー・スタジアムで行われた第7戦。勝った方が世界一という大一番で、3戦目の雪辱を果たすためにマウンドに登ったダルビッシュだったが、1

2017シーズン途中に入団し、ワールドシリーズでも登板したダルビッシュ有

回表、1番中堅手スプリンガーにいきなり二塁打を打たれると、2番三塁手ブレグマンが一塁手ベリンジャーの送球ミスで出塁し、その間にスプリンガーが先制のホームイン。ブレグマンの三盗成功後、3番アルテューベの一塁ゴロの間にこの回2失点目を喫する。この回は後続を打ち取ってなんとかしのいだが、2回表、先頭の6番捕手マッキャンに四球、7番左翼手ゴンザレスに二塁打、9番先発ランス・マッカラーズのセカンドゴロの間にマッキャンが生還し3失点目。さらに1番スプリンガーに痛恨の2ラン本塁打を被弾し、ダルビッシュは1回2／3、5失点で降板。このKO劇がダルビッシュのドジャースでの最後の登板となった。試合はダルビッシュの5失点を最後まで取り返せず、1対5で敗戦。アストロズがワールドシリーズを制覇した。同一ワールドシリーズで先発投手が2試合続けて投球回数2回未満で降板するのは1960年のアート・ディトマー以来、史上2人目。

その後、アストロズの組織的なサイン盗みが発覚するが、ダルビッシュはワールドシリーズの大乱調をサイン盗みの所為《せい》にはせず、アストロズの打者が優秀だったと語っている。

わずか12試合の出番に終わった筒香嘉智と、史上最高額で移籍を果たした山本由伸

2019年12月16日、タンパベイ・レイズと2年1200万ドルの契約を結んだ筒香嘉智。しかし、NPBを代表するスラッガーはMLBの舞台でもがき苦しみ、2021年5月11日にレイズをDFAとなり、5月15日にドジャースへトレード移籍。5月18日、本拠地ドジャー・スタジアムで行われたアリゾナ・ダイヤモンドバックス戦。7番左翼手でドジャース・デビューを果たした。結果は2打数0安打、四球で2回出塁。さらに翌19日のダイヤモンドバックス戦は、4番左翼手でスタメン出場。4回裏、1死二塁で打席が回ってくると、相手先発マット・ピーコックがフルカウントから投じた6球目を弾き返し、三遊間を抜けるドジャース初安打初打点となるレフト前タイムリーヒットを記録。

しかし、その後はチャンスをもらいながらなかなか結果が残せず、6月9日に右ふくらはぎ痛で故障者リスト入り。マイナーで調整するが、6月5日のブレーブス戦での代打出場がドジャースでの最後の試合となった。しかし、ドジャース傘下3Aオクラホマシティーでは43試合に出場して打率2割5分7厘、10本塁打、32打点を記録。7月7日にドジャースの40枠を外れ、8月14日にFAになった後、8月15日にメジャー契約を結んだピッツバーグ・パイレーツで復活を遂げることになる。

２０２３年12月21日、争奪戦の末、ＭＬＢ投手史上、最大最長となる12年３億２５００万ドルでドジャースと契約を結んだ山本由伸。大型契約のプレッシャー、上腕三頭筋の痛みで60日間の故障者リスト入りなど、本人が思い描いた１年目とは違った結果になったと思うが、６月７日、敵地ヤンキー・スタジアムでの気迫のこもった投球、死闘となったパドレスとのディビジョンシリーズ第５戦の好投など、実り多き１年だったはずだ。名門ドジャースのエースになるために、これからも数々の試練が待ち構えているはずだが、その壁を乗り越えていく事だろう。ＮＰＢ時代の無双状態は、必ずＭＬＢでも訪れるに違いない。まだ、山本のキャリアは始まったばかりだ。

世界最高の投手になる可能性を秘めた、佐々木朗希

２０２３年オフに大谷と山本を獲得したドジャースは、２０２４年オフの佐々木朗希争奪戦にも参戦。大谷と山本は大型契約を結ぶ必要があったために、獲得競争に参加できたのは資金力のある一部の球団に限られていたが、佐々木は、マイナー契約しか結べない「25歳ルール」適用選手だったため、資金力が乏しい球団にも獲得のチャンスが生まれ、

筒香嘉智は2021年シーズン途中入団。わずか12試合の出場に終わった

MLB投手史上最高額契約でドジャース入りした山本由伸のキャリアは始まったばかり

その結果、20球団以上が獲得競争に参加。書類審査やウルフ代理人の事務所での2時間の面談などを経て、最終的にはトロント・ブルージェイズ、サンディエゴ・パドレス、ロサンゼルス・ドジャースの3球団に移籍先候補が絞られたと報道される中、佐々木はドジャース入団を決断。現地時間1月22日にドジャー・スタジアムで行われた入団会見で佐々木は、「どの球団もそれぞれ魅力があったが、総合的にドジャースが一番良かったという判断」そして、ドジャースの強みについて聞かれた佐々木は「一番はフロントの安定感かなと思います」とコメント。

フロント陣を評価してドジャースを選択したのは、奇しくも大谷と同じだった。2018年に大谷がMLBに挑戦した時には「二刀流」が大きな話題となり、2024年の山本は、MLB史上最高の投手「完成品」として、注目を集めた。

そして今回の佐々木は、「未完成でありながら、世界最高の投手に成長する可能性を秘めている」と評価されている。過去にドジャースに在籍した日本人選手はもちろん、MLBでプレーした日本人は、「より良い環境でプレー」「より高いレベルでプレー」「より高額な条件を手にする」など、NPBの枠を超えた場所でのプレーを望んでMLBにやってきた。

2024年オフ、20球団以上の争奪戦の末、ドジャースに入団した佐々木朗希

しかし、今回の佐々木は、「なんの実績も無い」「ゼロからのスタート」と語ったように、過去の日本人とは違い、自分自身の進むべき道の延長線上にＭＬＢがある。佐々木にとってＭＬＢは、自分の実力が通用するか試す場所でも、憧れの場所でも無く、自分が成長するために必要不可欠な場所に違いない。近い将来、ドジャースの大谷、山本、佐々木が日本人投手史上初となるサイ・ヤング賞を、三つ巴で争う日が必ず来る事だろう。

第3章 ドジャースの歴史

140年以上の歴史を誇るMLB屈指の名門

ロサンゼルス・ドジャースの前身は、ニューヨークで不動産業を営んでいたチャールズ・バーン、義理の兄弟ジョセフ・ドイル、ニューヨーク・ヘラルド新聞の編集者ジョージ・テイラー、そして、資金面で大きな役割を果たしたロードアイランド州でカジノ・ビジネスを展開していたフェルディナンド・アベルの4人が1883年に創設した「ブルックリン・ボール・クラブ」だ。

ブルックリン地区のゴワヌス運河に近い3番街と4番街に近い所の土地を借りて、チーム史上初の本拠地「ワシントン・パーク」を建設。このエリアは、労働者階級が多く住み、数多くの路面電車がいき交う場所だった。創設当初は当時のマイナーリーグに属する「インターステート・アソシエーション・プロフェッショナル・ボール・クラブ」でプレー。ユニフォームの色合いからチームの名称も「ブルックリン・グレイズ」に決定した。

球団社長に就任したバーンは、野球ビジネス創成期に消滅や解散、倒産や破綻した他チームから優秀な選手を集め、チームを強化していった。

1884年にはアメリカン・アソシエーションに加盟して名称を「ブルックリン・アト

ランティックス」に変更。その後、１８８５年から１８８７年まで「ブルックリン・グレイ」を使用。１８８８年シーズン中には６選手が結婚したために名称を「ブルックリン・ブライドグルームス」に変更。この名称は「グルームス」もしくは「ブライドグルームス」と変更されながら１８９８年まで使用された。ちなみに「ブライドグルームス」は、新婦や新郎、結婚式などの意味を持つ。

１８８９年にアメリカン・アソシエーションを制した「ブルックリン・ブライドグルームス」は、１８９０年に１８７６年に創設された最古のプロ野球リーグ、ナショナル・リーグに移籍を果たす。移籍後も強さを発揮したチームは、1年目でナショナル・リーグを制覇。リーグをまたにかけ、アメリカン・アソシエーションとナショナル・リーグを連覇したチームは、この時の「ブルックリン・ブライドグルームス」が最初で最後だ。

その後、低迷期に入ったが、１８９８年10月にボルチモア・オリオールズのネッド・ハンロン監督が、主力選手を引き連れてブルックリンに移籍。ハンロンは、ボールが飛ばない「デッド・ボール時代」に、相手内野陣の中でボールが数多く動く、バント、盗塁、叩《たた》き付けた高いバウンドの打球を打つ、通称「ボルチモア・チャップ」や「ヒット・アンド・ラン」などを考案。現代の「スモールベース・ボール」に通じる戦略、戦術を考案し、

「近代野球の父」「最強の戦略家」と称されている。

ハンロンを監督に迎えたチームは名称を「ブルックリン・スーパーバス」に変更。1899年、1900年、スーパーバスはナショナル・リーグ2連覇を果たす。

名称変更の歴史はまだ終わらない。ブルックリン地区を走る路面電車を歩行者が避ける姿から1911年には「ブルックリン・トロリー・ドジャース」に。1913年には名称が短縮されて「ブルックリン・ドジャース」へ。ここでようやく、現在も使われている「ドジャース」が球団名となる。

しかし、翌1914年から1931年までは再び名称変更があって「ブルックリン・ロビンス」に。ロビンスの名は、1914年から1931年までブルックリンを18年間率いて通算1399勝1398敗21分を記録したウィルバート・ロビンソン監督に由来する。

ロビンソンが退任後、1932年に再び「ブルックリン・ドジャース」に名称が戻される。この変更に伴い初めてユニフォームにドジャースの文字が記され、1933年はホーム、ロードともにユニフォームの胸にドジャースと記された。1934年はホーム、ロードともに胸にはブルックリンの文字。

1938年に現在にも通じる筆記体でのドジャースのデザインが登場。ブルックリン・

ドジャースを創設したチャールズ・バーンが1898年1月4日に54歳で亡くなり、球団経営は創業チームの一員、アベルに引き継がれた。その間、銀行家のジョージ・チャウンシーなど、複数人の共同オーナーが存在。しかしその後、チャールズ・エベッツの出現でドジャースの組織は強靱になっていく。

1859年10月29日にニューヨークで生まれたチャールズ・エベッツは学校を卒業後、出版社や建築事務所で働き、1883年、兄ジャックの紹介でドジャース創設メンバーのジョセフ・ドイルとジョージ・テイラーと知り合い、ブルックリンの本拠地「ワシントン・パーク」でのチケットやスコアカード、ピーナッツなどの販売の仕事に就き、後に簿記係に。勤勉に働いたエベッツはコツコツと貯金をして、球団の株式を少しずつ買い求めた。1898年、エベッツが買い集めた球団株式は全体の80％に達する。残り20％は球団社長を務めていたチャールズ・バーンが保持していたが、1月4日に亡くなり、1月13日、エベッツが新球団社長に就任。ニューヨーク・タイムズ紙は「38歳のエベッツは、簿記係として15年近く、球団に入ってくる資金を管理してきた」と若き新社長を紹介している。

その後、全権を手にしたエベッツは、新球場建設に動き出す。当時の本拠地「ワシントン・パーク」はゴワヌス運河から立ち込める悪臭、隣接する工場からの排煙、木造建築のため、つねに火災のリスクを抱えていた。

建設用地を探していたエベッツは、ブルックリン地区のフラットブッシュ・エリアの「ピッグタウン／豚の町」と称される場所に目をつけた。「ピッグタウン」は、ゴミ捨て場に多くの不法占拠者が住み着いている場所だが、最大の利点は、9つの路面電車の路線が「ピッグタウン」周辺に集まっている事。エベッツは年月をかけて「ピッグタウン」周辺の土地を格安の値段で買い集め、不足分は球団株式売却で補い、新球場建設に必要な75万ドルを確保。1913年4月5日、自身の名を冠した収容人数2万3000人の「エベッツ・フィールド」が開場する。

エベッツはアイディアマンとしても優秀で、1899年に女性来場者のチケットが割引になる「レディース・デー」、1911年に雨天中止のチケットの一部払い戻しなどを初めて実施。今では当たり前になっている選手の背番号もエベッツの先見の明から生まれた。1917年3月28日、テネシー州メンフィスで行われたブルックリン対ボストン・レッドソックスの練習試合。MLBチームが存在しないメンフィスのファンには、選手の違いが解らないと判断したエベッツは、両チームのユニフォームに背番号を書かせてプレーさせた。その後、エベッツはナショナル・リーグの全体会議の場で背番号を付けてプレーする事を何度も提言したが、実際に背番号が普及するのは1929年ころからとなる。ワールドシリーズの日程が2試合、3試合、2試合のフォーマットで固定されたのもエベッツの提言だ。当時、ビジターチームの選手は、ホテルでユニフォームに着替えて球場入りする事が普通だったが、エベッツはクラブハウスの原型と言えるビジターサイドにも着替えができる部屋を初めて用意するなど、今では当たり前の事を球界に導入した先駆者でもあった。

新社長・マクフェイルが行ったさまざまな改革

MLBに多くの遺産を残したエベッツだったが、1925年4月18日、ニューヨークのホテルで心不全により死去。享年65歳。在任時のドジャースは1916年、1920年と2度、ナショナル・リーグチャンピオンに輝いたが、自身の名を冠した「エベッツ・フィールド」でワールドシリーズ制覇の瞬間を一度も見る事なくこの世を去った。彼が亡くなった日、その功績を讃え、ナショナル・リーグの全試合が中止となった。彼が残した莫大《ばくだい》な遺産の大半は、ブルックリン・ドジャースとエベッツ・フィールドの所有権で、エベッツツの遺言に「ドジャースとエベッツ・フィールドの株式は、一括売却」と書き残され、あまりにも高額だったために長期間に渡り買い手が現れなかった。

エベッツ死去後、大株主のひとり、エド・マッキーバーが社長に就任するが、就任後に急死。その後、監督のロビンソンが球団社長を兼務することになったのだが、ここからチームは勝てない暗黒期に突入する。

1931年にはロビンソンが監督業に専念するも翌年に退団。1930年から1932年まで球団社長に就いたのは、父バーナードがエベッツの顧問弁護士を務めていた関係でドジャースの法務担当業務を任されていたバーナードの息子フランク・ヨークだった。その後、兄エドの株を引き継いだ弟スティーブンが1932年から1938年まで球団社長を務めるのだが、暗黒期の終焉《しゅうえん》を演出したのが、シンシナティ・レッズでGMを務めていた弁護士資格を持つラリー・マクフェイルだ。

マクフェイルは1938年、ドジャースの球団副社長兼GMに就任し、後に社長に昇格。1935年5月24日、MLB史上初となるナイト・ゲームをレッズのGMとして立案成功させたマクフェイルは、1938年6月15日、レッズ戦でエベッツ・フィールド初のナイト・ゲームを開催。開場後もスタンドの拡張を続けてきたエベッツ・フィールドには3万8748人の大観衆が来場した。

しかしMLB史を振り返ると、この日はエベッツ・フィールド初ナイターとしてよりもレッズの先発左腕ジョニー・ヴァンダー・ミーアの偉業達成日として記憶されていると言ったほうがいいだろう。ミーアは1938年6月11日に行われたボストン・ビーズ戦でノーヒット・ノーランを記録。その4日後となるこの日のブルックリン・ドジャース戦でもノーヒット・ノーランを達成。長い歴史を誇るMLBでも2試合連続ノーヒット・ノーラン達成は、この時のジョニー・ヴァンダー・ミーアただひとりだ。

ナイト・ゲーム初開催をはじめとするマクフェイルが行ったさまざまなファンサービスが功を奏して、就任1年前の1937年には48万2481人だった観客動員数は1938年に66万3087人まで増加。1938年シーズン後、マクフェイルはベテラン遊撃手レオ・ドローチャーを選手兼監督に任命。マクフェイルはドローチャーのためにボストンから若き遊撃手ピー・ウィー・リースをトレードで獲得するなど、戦力補強も積極的に行った。

さらにこのころ、ラジオでは野球中継を行わないという、ニューヨークのチーム間の紳士協定を破り、ラジオ中継を開始。新たなファンとスポンサーを獲得したドジャースは収益を上げていった。

収益が上がれば、チーム成績も向上していく。1941年に1920年以来となるナショナル・リーグ制覇を達成。観客動員数も右肩上がりで同年は121万4910人を記録。長かった暗黒期が終わった。

マクフェイルは1942年9月23日にドジャースの社長を辞任してアメリカ陸軍に入隊し、第二次世界大戦終了後に除隊。除隊後の1945年から1947年までニューヨーク・ヤンキースの社長、GM、共同オーナーを歴任した。

大酒飲みで飲酒にまつわる逸話も数多く残されており、ヤンキース時代にレッドソックスのオーナー、トム・ヨーキーと飲んだ席で、泥酔したふたりは、自軍のスーパースター、ジョー・ディマジオとテッド・ウィリアムスのトレードを約束。しかし、翌朝、酔いが覚めた二人はこれを即座に撤回。マクフェイルに監督就任を言い渡されたドローチャーは「天才と狂気の間には、紙一重の境界線があり、マクフェイルの場合、その境界線は非常に薄く、彼がいったり来たりするのが解った」と回顧。孫のアンディ・マクフェイルは「祖父は大袈裟《おおげさ》で派手好き、素面では天才だったが、一杯飲むと聡明《そうめい》になり、飲み過ぎると狂人になった」と語っている。

1975年10月1日、享年85歳で亡くなったマクフェイルは1978年に殿堂入り。2012年11月8日に享年95歳で亡くなった長男のリー・マクフェイルも1998年に殿堂入りを果たしており、MLBで唯一、殿堂入りを果たした親子となった。

ブランチ・リッキーの登場で黄金期を形成

マクフェイルがドジャースを去った後に後任についたのが、学生時代からマクフェイルの親友だったウェズリー・ブランチ・リッキー、通称ブランチ・リッキーだ。彼の就任でブルックリン・ドジャースは黄金期を迎え、MLBに革命をもたらす事になる。1881年12月20日、オハイオ州中南部、オハイオ川沿いの町ポーツマスで3兄弟の次男として生まれたブランチ・リッキー。オハイオ・ウェスリアン大学に進学すると、野球とアメリカン・フットボールで活躍。在学中にはセミプロの野球チームとセミプロのフットボールチームで有給でプレー。

卒業後の1903年にはマイナー組織のテレホート・ホッテントッツに入団。シーズンオフは、ペンシルベニア州のアレゲニー大学で野球とアメリカンフットボールのコーチを務めたリッキーだったが、オフ期間にシカゴ・ホワイトソックスへトレード移籍。さらに1905年にセントルイス・ブラウンズへトレード移籍すると同年6月16日、左打ちの捕手としてMLBデビュー。

1907年、ヤンキースの前身、ニューヨーク・ハイランダーズにまたもやトレード移籍。選手として4年間プレーしたリッキーは、通算120試合に出場、打率2割3分9厘、3本塁打、39打点を記録して引退する（選手としては1907年が最後、1914年セントルイス・ブラウンズで選手兼監督として2試合出場。通算成績には、その2試合を含む）。

引退後の1910年から1913年までミシガン大学の野球部監督を務めたが、当時の教え子には、2004年にイチローが更新するまでシーズン257安打の最多記録を保持して1939年に殿堂入りを果たした伝説の安打製造機ジョージ・シスラーが含まれる。

1913年6月1日、セントルイス・ブラウンズのオーナー、ロバート・ヘッジズの強い勧誘を受けて、球団幹部として31歳で契約。同年9月17日、ブラウンズの監督に就任。1915年まで監督を務めたが、シーズンオフにチームはフィリップ・ボールに買収され、監督を解任され、フロント業務に専念する。

しかしリッキーの「理論的なアプローチ」を嫌っていたオーナーのボールと意見が全く合わずに退団を決意。

1917年、オーナーグループが変更されたばかりのセントルイス・カージナルスの球団社長に就任。今でこそワールドシリーズ制覇11回を誇るMLB屈指の名門カージナルスだが、当時はナショナル・リーグの弱小チーム。1900年に名称がカージナルスに決定して以降、リッキーが就任した1917年まで、一度も優勝争いを演じた事がなく、勝率5割超えは、1901年、1911年、1914年、リッキーが就任した1917年の4回のみ。

1919年にはセントルイス・カージナルスの監督に就任。1920年、オーナーグループの一員だったサム・ブレッドンが筆頭オーナーとなり、球団社長に就任すると、リッキーは監督兼GM（当時はGMという表現や概念が存在せず、ビジネスマネージャーと表記される事が一般的）に。

監督としては結果が出ないシーズンが続いたが、リッキーとブレッドンはファームシステムの概念を構築。マイナーを試合を行って収益を上げる興行的な立ち位置ではなく、チームを選手育成の場所と考えたリッキーは、1923年までにマイナーのシラキュース、ヒューストン、フォートスミスと所有権または提携を結んだ。

これにより、ＭＬＢのカージナルスから故障者や不調者が出ても、速やかに人的補強ができ、自分たちの目指すスタイルに合った選手を発掘、育成、管理する事が容易になった。

現在では当たり前だが、リッキーとブレッドンがファームシステムを構築する以前は、マイナーのチームは独立採算で自立した企業だったので試合は興行として金を生み出すもの、選手は一番高い値段をつけた所に売る商品で、「選手を育成する場所」とは考えられていなかった。

実際にリッキーがファームシステムを増やしていった１９２３年当時、マイナーチームと所有権や提携を結んでいたのは、デトロイト・タイガースだけだった。リッキーは当時のことを「カージナルスがナショナル・リーグで戦っている時、マイナーからメリットがある選手を獲得するには不利な立場でした。メリットがある選手は入札になり、彼らはお金を持っていました。我々はありません。要するに我々は、残ったものを取るか、もしくは、何も取れないかです。我々が確立したファームシステムは、必要に迫られた結果です。我々は若い選手の需要と供給を満たす為に作り上げたのです」と回顧している。

１９２５年５月30日、カージナルスの監督を解任されたリッキーはフロント業務に専念。

翌1926年、ファームシステムから巣立ってきた選手たちを擁したカージナルスはナショナル・リーグを初制覇して、ワールドシリーズでヤンキースを破り、球団創設以来初の世界一に輝いた。カージナルスのファームシステムからは数々の名選手が育ち、その中には1969年に殿堂入りを果たした「スタン・ザ・マン」の愛称で親しまれたスタン・ミュージアルや1985年殿堂入りのイーノス・スローターなどが含まれる。

リッキーとブレッドンが作り出したファームシステムでカージナルスはMLBを代表する強豪チームへと変貌を遂げた。1920年から1947年までカージナルスの筆頭オーナーを務めたサム・ブレッドンは、在任中に6回ワールドシリーズを制覇。シーズン通算2470勝1830敗、勝率5割7分0厘を残した、稀代《きだい》の名オーナーだった。1942年、カージナルスは、現在も残る球団記録シーズン106勝でナショナル・リーグを制して、ワールドシリーズでヤンキースを破り世界一に輝いた。

そしてブランチ・リッキーは、大輪の花を咲かせたカージナルスから、新たな舞台へ歩み出す。1942年10月29日、ブルックリン・ドジャースのGMに就任。1941年に100勝54敗でナショナル・リーグを制覇、1942年には104勝50敗で2位の好成績を残していたドジャースだが、リッキーは第二次世界大戦への出征などによる選手層の薄さが気がかりだった。選手層を厚くするためにファームシステムのさらなる進化を求めて動き出したリッキーは1947年、フロリダ州ベロビーチに残された海軍航空基地跡の使用許可契約を締結して、広大なスプリング・トレーニング施設を建設。バッティングセンター、ブルペン場、トレーニング施設など、現在のスプリング・トレーニング施設の原型を作り上げた。

「ドジャータウン」と称された施設では連日、さまざまな器具や機械を使い、選手達の能力を計測してデータを分析、蓄積し、選手達を適切なマイナーチームに送り出す作業が行われた。さらにリッキーは統計学者のアラン・ロスをチームの分析官として雇い入れる。現在ではセイバーメトリクスとして確立している分野だが、統計学者がフルタイムで球団に雇われたのは、この時のアラン・ロスがMLB史上初。

ロスは打率よりも出塁率が重要である事を最初に立証した人物で、対左投手、対右投手、得点圏打率、球場別の成績、カウント別の球種や被打率など、ありとあらゆる物をデータとして視覚化した。ベロビーチのスプリング・トレーニング期間中は毎年、選手個人と面談を行い、データから見える短所と長所を選手に伝え、成績向上に寄与。

そんなロスの恩恵を受けたひとりがサンディー・コーファックスだ。コーファックスは、自分の投球を知る上でロスのデータは非常に役に立ったと回顧している。

ニューヨークから、ロサンゼルスへの電撃移転

1943年、リッキーはドジャースの取締役会議で「然るべき人物、適任な人物」をスカウトする事を提案して、承認を得る。この然るべき人物とは、人種差別の壁を最初に打ち破るアフリカ系アメリカ人野球選手の事を指していた。そして、見出された選手がジャッキー・ロビンソンだった。

リッキーが大学球界で監督を務めていた当時、チャールズ・トーマスという優秀なアフリカ系アメリカ人の捕手がいた。まだ人種差別が行われていた時代、遠征先でトーマスはチームメイトと同じホテルに宿泊する事をホテル側に拒否され、激怒したリッキーはホテル側と交渉してトーマスを同宿させた事や、練習後、アフリカ系アメリカ人の選手が自分の皮膚の色を洗い流そうと必死で擦っている姿に心が揺さぶられた経験などがあった。

晩年、リッキーは「私は、あらゆる分野で人種差別について何かできるわけではないかも知れないが、野球では間違いなく何かができる」と語っている（ジャッキー・ロビンソ

ンについては、本書の第4章と角川新書『大谷翔平とベーブ・ルース』第3章を参照）。

リッキーは、ドジャースに1943年から1950年まで8年間在籍。この間、ナショナル・リーグ制覇2回、勝率5割以下は1944年の一度のみ。ジャッキー・ロビンソンがデビューした1947年はエベッツ・フィールド開場以来最多となる年間180万7526人を動員した。

リッキーはブルックリン・ドジャースを「勝てる人気球団」へと押し上げた。リッキーがドジャースのGMに就任して間もない1945年、ブルックリン・ドジャースの株式は、リッキーが25％、世界的製薬会社ファイザーの重鎮ジョン・L・スミスが25％、故人スティーブン・マッキーバーの相続人が25％、残り25％を保有していたのが、現在のドジャースを語る上で欠かせないウォルター・オマリーだ。

1903年10月9日、ニューヨーク州ブロンクスで生まれたウォルター・フランシス・オマリー。父エドウィンは苦労の末、出世してニューヨーク市公共市場局長を長らく務めた。第一次世界大戦後、食料品が不足して、価格は上昇。市民は食料の買い溜めをするなど混乱に陥った。ニューヨーク市は食料を適切な値段で販売する為に市場局を創設。局長は全ての公設市場や仲買人を管轄する絶大な権力を有していた。父の成功で裕福な家庭で育った一人っ子のオマリーは、インディアナ州にあり、アメリカ全土から上流家庭の子息が集まる寄宿学校カルバー陸軍士官学校に入学。卒業生にはニューヨーク・ヤンキースのオーナーだったジョージ・スタインブレナー、ヒューストン・アストロズの元球団社長タル・スミスなどがいる。

卒業後、オマリーはアイビーリーグの名門ペンシルベニア大学に進学。3年生と4年生の時に2年連続学年代表を務めた。同大学史上複数回学年代表を務めたのは、この時のオマリーが初。その後、オマリーは同じアイビーリーグのコロンビア大学ロースクールに入学。しかし、1929年の世界大恐慌の影響で父エドウィンが多くの財産を失い、コロンビア大学を1年で中退して、フォーダム大学の夜間ロースクールに転校して法学の勉強を続けた。学位を取得して弁護士となったが不況の影響で仕事はなく、ニューヨーク市営地下鉄の技術者として働き出す。

その後、父エドウィンのコネを利用して公共事業の地質調査を行う「ウォルター・F・オマリー・エンジニアリング」社を設立。会社が軌道に乗ると軸足を弁護士活動に移し、遺言書や証書を扱う活動から始め、大恐慌で倒産した会社の整理事業で大きな富を得た。その富を多くの企業に投資していたオマリーは、政財界に大きなパイプを築いていく。その中のひとりが、元ニューヨーク市警察長官でブルックリン信託会社社長ジョージ・ビンセント・マクラフリン。オマリーの父エドウィンと知り合いだったマクラフリンは、大学時代のオマリーを知っていて、優秀な弁護士に成長したオマリーを可愛がり、オマリーはさまざまな仕事でマクラフリンの信頼を勝ち取った。

マクラフリンが運営するブルックリン信託会社は、1925年に亡くなったチャールズ・エベッツの遺産を管理していた。その遺産の中には、ブルックリン・ドジャースの株式50%が含まれていた。1940年、マクラフリンの指示でオマリーは、エベッツ・フィールドに関する財務上の会議に出席。1942年にはドジャースの弁護士に任命される。1943年、元共和党大統領候補で弁護士だったウェンデル・ウィルキーに代わりドジャースの主任法律顧問に就任。オマリーは法律関係やビジネスの問題に対処、ブランチ・リッキーは、選手獲得、育成などを担当した。

分野が違う両者だが、当時の球界でもっとも高額な報酬を得ていたリッキーに対し、オマリーは批判を強めていく。リッキーが作り上げたベロビーチの「ドジャータウン」を必要のない贅沢品《ぜいたくひん》と蔑み、両者の関係悪化は表面化して公然の事実となっていく。1950年7月10日、大株主のジョン・L・スミスが61歳で死去。オマリーはスミスの妻を説得して自身が主任法律顧問に就いていたブルックリン信託会社にドジャースの株式を管理する事を認めさせた。さらには同年10月28日にGMの契約期間が終了するリッキーに株式の売却を迫り、成功。リッキーは契約満了を待たずにドジャースを退団、ピッツバーグ・パイレーツのGMに就任する。

10月26日、ウォルター・オマリーがブルックリン・ドジャースの筆頭オーナーに就任。1925年にチャールズ・エベッツが死去して以来、初めて全権を握るオーナーが誕生した。リッキーの後任にはドジャースのマイナーでGMを務めていた31歳のエミル・ジョゼフ・ババシ、通称バジー・ババシが就任。リッキーを嫌っていたオマリーは、球団事務所でリッキーの名前を呼ぶ事を禁止。そして、リッキーを連想させるGMの名称も使用禁止にした。オマリーが全権を手にして以降、ブルックリン・ドジャースは更なる黄金期を謳《おう》歌《か》する。1952年、1953年にナショナル・リーグ2連覇。1955年、ヤンキースを破り悲願のワールドシリーズ初制覇。1956年、ナショナル・リーグ制覇。

しかし、チームの成功とは裏腹に収益のメインである観客動員数は減少。戦後の繁栄期に入って人々は裕福になり、安価な車の登場でドジャースのファン層の中心である白人中流階級が、より広い住宅を求めて郊外に流出した。エベッツ・フィールドには、700台程度の駐車スペースしかなく、郊外に流出したファンを呼び戻す事ができなかった。

そこでオマリーは、ニューヨークでの新球場建設計画に動き出す。その計画の中には、ドーム球場建設計画も含まれていた。オマリーは政財界の人脈をフル稼働させ、現在のマンハッタンを作り上げた男と称される権力者、都市計画家のロバート・モーゼスを頼った。当初はブルックリン地区での新球場建設を望んでいたが、モーゼスはクイーンズ地区のフラッシング・メドウズ・コロナ・パークを推薦（現在、メッツの本拠地シティ・フィールドが有る場所）。

ニューヨーク州知事ハリマンの支持を受け、ブルックリン内での新球場建設が進展する可能性も見えていたが、モーゼスの反対にあって建設予定地の土地買収は頓挫。このころ、MLBチームの誘致に熱心だったロサンゼルス市長のノリス・ポールソンがベロビーチのドジャータウンを訪れ、オマリーと会談する。

1956年、ウィンターミーティングの会場でオマリーは、シカゴ・カブスのオーナー、フィリップ・リグレーからマイナーチームのロサンゼルス・エンゼルスと収容人数2万1000人の本拠地リグレー・フィールドを買収（現在のエンゼルスとは無関係）。

これをきっかけにウォルター・オマリーは西海岸ロサンゼルスへの移転を決断する。オマリーの考えに賛同したニューヨーク・ジャイアンツのオーナー、ホーレス・ストーハムもサンフランシスコへの移転を決断。ニューヨークのメディアやファンは、3チームから一気に1チームに減少した現状に怒りを爆発させ、その矛先は移転を推し進めたオマリーに向けられた。

その悪評は当時、ブルックリンで「20世紀、三大悪人はヒットラー、スターリン、そして、オマリー」「ブルックリンで生まれ育った男の部屋にヒットラー、スターリン、オマリーが座っている。男の手には銃弾が2発込められた拳銃が握られている。さあ、どうする？　男はオマリーに向けて2発の弾丸を打ち込む」という冗談が流行するほどだった。

その一方で、MLBチームを待ち望んでいたロサンゼルス市民からは熱烈歓迎を受けたドジャースとオマリー。今では日本中の街中で見る事ができる、LとAが重なり合うロゴマークのドジャースのキャップ。実はこのLとAのロゴデザインは、オマリーが買収したロサンゼルス・エンゼルスが使用していたものをドジャーブルーに変えただけである。

西海岸にMLBの野球を根付かせる

１９５８年４月15日、サンフランシスコ・ジャイアンツの本拠地、シールズ・スタジアムで行われた開幕戦。２万３４４８人の観衆が見つめる中、西海岸のMLBの歴史が動き出した。敵地で開幕３連戦を消化したドジャースは、４月18日、ジャイアンツを相手に本拠地開幕戦を迎えた。オマリーは移転に際してロサンゼルス・コロシアムを１９５８年、１９５９年の２年間、年間20万ドルで借りる契約を結んでいた。ロサンゼルス・コロシアムは、正式名称ロサンゼルス・メモリアル・コロシアム。１９２１年12月21日に起工式が行われ、第一次世界大戦のロサンゼルス退役軍人記念碑として建設が開始されて１９２３年５月１日に完成。開場当時の収容人数７万５１４４人は、ロサンゼルスで最大だった。

１９３２年の夏季オリンピック開催時には、収容人数10万１５７４人に改修（１９８４年夏季オリンピック開催、２０２８年夏季オリンピック開催予定。予定通り開催されれば、史上初めて夏季オリンピックが３回開催された会場となる）。

ドジャース移転当時は、NFLのロサンゼルス・ラムズの本拠地として有名だった。ラムズは１９４６年から１９７０年、２０１６年から２０１９年まで本拠地として使用。ただ、コロシアムの形状は陸上競技やアメリカンフットボールに適したオーバル型で野球場には不向きだった。そこに無理矢理、野球場を設置したので形状は歪《いびつ》そのもの。レフトフェンスまでは約77m、左中間は約97m、センターは約128m、右中間は約115m、ライトは91m、捕手からバックネットまでは約20m。一塁ファールゾーンは、ないのと同じくらいに極端に狭く、三塁ファールゾーンは広大。極端に短いレフトサイドには、本塁打量産を防ぐために高さ約12mのスクリーンが建てられた。

それでもジャイアンツを迎えた本拠地開幕戦には、当時の1試合最多記録となる7万8672人が詰めかけた。MLBの野球に飢えていた西海岸のファンは、視界が悪い座席が多かったにもかかわらず、連日、コロシアムをおとずれた。

しかし選手やメディアには不評で、伝説の名投手ウォーレン・スパーンは、スタンドに入っても最低91m以上の飛距離が出た打球だけを本塁打に認定するように要求。メディアは、一般的なレフトフライが本塁打になる可能性がある事から、1927年にベーブ・ルースが記録したシーズン60本塁打の記録が更新される可能性を心配していた。

すると、その心配は的中。コロシアムで行われた最初の7試合で記録された本塁打は25本。7試合中、3試合で二桁得点。このまま悪夢のような本塁打量産の大味な試合が続くと思われたが、そこは流石ＭＬＢの投手。コロシアムで投げる時は、右打者に対して極端なアウトコース攻めを徹底して、本塁打量産モードは収束していく。

選手には不人気でも、大箱の球場はドジャースに莫大な収益をもたらした。移転初年度、7月初旬には既に観客動員数１００万を超え、他チームと比較して50万ドル以上多い利益を産み出したと言われている。

１９５９年のワールドシリーズでは、本拠地開催全３試合で９万２０００人以上の動員を記録し、第５戦では不滅のＭＬＢ記録となる９万２７０６人のファンを飲み込んだ。

とはいえ、コロシアムはあくまでも仮の住まい。オマリーは真の本拠地建設に動き出す。ベロビーチでの誘致会議でロサンゼルスのダウンタウンから北へ約２マイルの距離にある小高い丘の上のチャベス・ラビーン地区に新球場を建設する案は、すでに話し合われていた。しかし、オマリーが思い描いていた移転２年後となる１９６０年の新球場開場プランは、スムーズに進まなかった。

チャベス・ラビーンには当時、メキシコ系アメリカ人を中心とした多くの貧しい人々が生活していた。１９５１年、ロサンゼルス市はチャベス・ラビーンに広大な公営住宅を建設するプランを発表。市は土地収用権を行使しながらチャベス・ラビーンの土地を取得。

当時、約1800世帯が住んでいたチャベス・ラビーンの住宅は、次々と取り壊されていった。1952年、市は跡地に「エリシアン・パーク・ハイツ」と名付けられた公営住宅を建設する事を正式発表。しかし、1953年に全ての公営住宅建設反対を争点としたノリス・ポールソンが市長に当選して、チャベス・ラビーンの計画は中止。チャベス・ラビーンの土地は、塩漬けとなり放置されてしまう。「公共目的地」としての利用に制限されたために新たな開発者が現れなかったのだ。

このころ、ベロビーチでの会談後、ヘリコプターからチャベス・ラビーンを見たオマリーがこの土地を気に入り、新球場建設地に決定。しかし、野球場は「公共目的地」にあたらないとロサンゼルス市議会が反発する。

さらには住民も土地譲渡の中止を求めて訴えを起こし、住民投票が行われることになる。1958年6月に行われた投票の結果、僅差で土地譲渡が認められ、議会も承認。1959年、チャベス・ラビーンに最後まで残り、土地買収に反対していたマヌエルとアブラナ夫婦と娘のオーロラがロサンゼルス郡保安局に強制連行され、通称「チャベス渓谷の争い」は、幕を閉じた。

当初の計画よりも遅くなったが、オマリーは市場価格よりはるかに安い金額でチャベス・ラビーンを手に入れる事に成功した。この時の経緯があり、ロサンゼルスに住むメキシコ系アメリカ人は、長らくドジャースに対して良い印象を持っていなかったと言われるが、後にメキシコの英雄フェルナンド・バレンズエラの出現で状況は一変することになる。

1959年9月17日、ドジャー・スタジアム建設着工。最大のコンセプトは、オマリー曰《いわ》く「ボールパークは美しい場所。すなわち男の子が初めて好きな女の子をデートに誘う場所」。オマリーの想いが詰まったドジャー・スタジアムは総工費2300万ドルをかけ、1962年4月10日に開場。

小高い丘の頂上を切り崩し、平地にして建てられたドジャー・スタジアム。なだらかな山肌は1万6000台収容可能な駐車場となり、各駐車場から自分の座席まで、ほぼ水平移動で席に着けるようになっており、球場内に初めてエスカレーターを設置。現在、MLB全体では3番目に古く、西海岸では最古の球場となったドジャー・スタジアムだが、改修を繰り返し、今でももっとも美しいボールパークとしてファンに愛されている。収容人数は開場当時から5万6000人。建設計画では、外野スタンドを拡張して8万5000人規模にすることも検討されたがオマリーが却下。今では旧ヤンキー・スタジアムや旧シエイ・スタジアムが取り壊され、収容人数ではドジャー・スタジアムが最大のボール・パークとなっている。

州や市、郡など公的な機関からの出資を受けず、すなわち税金が使われない、民間資金のみで建設されたドジャー・スタジアムだが、その莫大な費用は1965年にオマリーが完済。民間資金のみで建設された球場は、「ルースが建てた家」と称される初代ヤンキー・スタジアム以来、ドジャー・スタジアムが史上2例目。

さらに、左右対称で外野の膨らみが大きいドジャー・スタジアムの完成でドジャースの野球スタイルは、投手力を中心とした野球に変化していく。その恩恵をもっとも受けたのがサンディー・コーファックスだった。「終の住処」ドジャー・スタジアムとMLB未開の地、西海岸を開拓して富と名誉を手にしたオマリーだが、急拡大を続けるMLBの中で、自分自身の理想が全て実現した訳ではない。1964年のウィンターミーティングで、金持ち球団が資金力にあかせて選手を集める手法を是正する声が大きくなり、戦力均等を図るべくドラフト会議の開催が焦点となった。金持ち球団の代表格ニューヨーク・ヤンキースがドラフト会議開催に反対の意思を表明すると、オマリー率いるドジャース、セントルイス・カージナルス、ニューヨーク・メッツがヤンキースに続き反対を表明。しかし、残り14球団が賛成に回り、1965年にドラフト会議が実施される事が決定した。

そして、自身のドジャースからも火の手が上がる。1963年、ドジャー・スタジアム完成後に大エースとなったサンディー・コーファックスは、投手三冠を獲得して、史上初となる満票でサイ・ヤング賞を受賞。シーズン終了後、コーファックスは1963年に3万5000ドルだった年俸からの大幅増を要求。その額、7万5000ドル。コーファックスは自伝の中で「私は、十分な昇給を受ける資格があると感じていた」と回顧。オマリーの命を受けたGMのババシは、コーファックスの要求を退けて6万5000ドルを提示。激しい交渉の末、最終的には年俸7万ドルで契約が締結された。

しかし、この時の交渉の様子がロサンゼルス・ヘラルド・エグザミナー紙に「コーファックス、9万ドルを要求。不成立なら引退」と、誤って掲載され、球団内部から嘘《うそ》の情報がリークされたと思ったコーファックスはロサンゼルス・タイムズ紙のインタビューで「友人だと思っていた人達に傷つけられた」と語った。その後、オマリーやババシと会談が設けられたが、結局フロント陣とコーファックスの関係は、完全に修復される事はなかった。

1965年、コーファックスが完全試合を達成したシーズンオフ。コーファックスは再び年俸交渉の渦中の人となり、もうひとりのエース、ドン・ドライスデールも同じ状況にいた。ドライスデールの妻ジンジャーは、女優として活動する映画俳優組合の会員でもあった。ジンジャーの提案によりコーファックスとドライスデールは団体交渉を行う事を決断するが、オマリーとババシは団体交渉を拒否する。

その結果、コーファックスとドライスデールは球団の要請に応じない、契約保留／ホールドアウトに突入してスプリング・トレーニングへの不参加を表明。平均年俸が1万9000ドルだった1966年に、両選手の代理人は3年総額100万ドル、もしくは年俸16万7000ドルを要求。対するオマリーとババシはメディアを巧みに利用して両選手に「強欲」というレッテルを貼る事に成功。コーファックスは自伝の中で、多くのファンから非難を受けた当時の状況を「自分が受け取るべき給料よりも少ないと感じる給料で働くよりも、辞める道徳的権利があると、本当に信じていないアメリカ国民が驚くほど多くいる事に私は驚きました」と回顧。

オマリーは団体交渉や代理人交渉に反対の立場で「私は彼らの戦略を高く評価する。私達にはあまりにも多くのものが欠けている。しかし、彼らに屈する訳にはいかない。ハリウッドにはクライアントを探しているエージェントが多すぎる。あのふたりの少年は、素晴らしい連中だが、ふたりの選手とこのまま契約したら、チーム全体が集団で交渉する事を止めることができなくなる」と語った。

32日間のホールドアウト後、コーファックスは年俸12万5000ドル、ドライスデールは11万ドルで契約合意。合意後の会見で、ドジャースはオマリーの主張を正当化するために、団体交渉ではなく、個別の交渉であり、代理人は介入していないとコメントを発表。ただ、オーナーが絶対的な支配者だった時代、コーファックスとドライスデールが初めて挑んだ交渉が、MLBの労働交渉の大きな一歩となったことは間違いないだろう。

オマリー時代が終焉し、球団経営が混迷期に突入

ドジャースの全権オーナーとして西海岸移転を成功させたウォルター・オマリーは、1970年3月17日に球団社長を息子ピーター・オマリーに譲り、自らは新設された会長に就任する。1937年12月12日にニューヨーク州ブルックリンで生まれたピーターはアイビーリーグの名門ペンシルベニア大学を卒業後、1962年、フロリダ州ベロビーチの「ドジャータウン」のディレクターに就任。その後、ドジャース傘下のマイナーで球団社長兼GMなどを務め、1967年にドジャー・スタジアム運営担当副社長、1969年に

球団副社長に就任。父ウォルターについては「社長として、事業の運営において、安定性と離職率の低さを信じていました。それが組織の強みでした。そして、経営陣はチームの選手、監督同様に働きました」とコメントしている。

ピーターの言葉通り、ウォルター・オルストン、トミー・ラソーダの両監督は長期政権を築き、リッキーの後釜《あとがま》に据えたババシもサンディエゴ・パドレスが新設され球団社長に送り出すまで長期に渡りGMとして雇用。そして、名実況者のビン・スカリーも長きに渡りドジャースで仕事を続けた。

父ウォルターのスタイルを維持しながら、より家族的な一体感を大切にしたピーターは、ドジャースが首位になれば、従業員にアイスクリームを振る舞い、チームがシーズンを通して好成績を収めた年は、球団職員を連れて海外旅行にも出かけた。そんな行いが評価され、ドジャースは1997年のフォーチュン誌が選ぶ「アメリカで働き甲斐《がい》がある会社100」にプロスポーツ運営組織として唯一ランクインを果たしている。

そして、ピーターの最大の功績は、野球普及活動だろう。バレンズエラや野茂、韓国人初のMLB選手、パク・チャンホの獲得はもちろん、中国、欧州のアイルランド、中南米に野球場を建設して野球人口の増加と世界普及を積極的に行い、野球のオリンピック競技入りを主導。リトルリーグの会長も長らく務め、育成にも尽力した。ピーターの視線の先には、常に世界があった。

しかし1998年3月19日、世界のメディア王と称されたルパート・マードックが率いるニューズ・コーポレーションがロサンゼルス・ドジャースの買収を発表。ピーターは買収後、1年間だけ取締役会長のポストでドジャースに残ったが1998年シーズン後に退任。

2004年、ボストンで不動産開発事業に成功して財を成したフランク・マコートが4億3000万ドルでドジャースを買収。マコートは2000年代初頭に地元ボストン・レッドソックス買収に動き、フェンウェイ・パークから新球場への移転を模索。新球場建設の計画が伝わるとファンは、一斉にマコートの球団買収に反対。ライバルだった現オーナーのジョン・ヘンリーは「パリにエッフェル塔があるように、ボストンにはフェンウェイ・パークがある」と語り、フェンウェイ・パーク存続を明確にしたヘンリーが買収争いでマコートに勝利。

そんないきさつもあり、悲願の球団買収に成功したマコートだが、球団買収の原資は、ほとんどが借金だった事が後に判明。マコート体制下、名将ジョー・トーリを招聘《しょうへい》するなど、フィールド上では成功を収めていたドジャースだが、組織内部は混乱を極めた。

2009年10月14日、マコート夫婦が離婚を発表。夫人であるジェイミーはドジャースの球団役員に就いていたので離婚発表後に解任。マコートは「離婚は、チーム運営に何も影響しない」とコメント。2010年、ドジャースの慈善団体「ドジャース・ドリームズ」において、不正な資金運用と脱税の疑いが発覚して、カリフォルニア州司法長官ジェリー・ブラウンが捜査開始を宣言。最終的にマコートが10万ドルを支払って決着。

しかし、2010年12月7日、マコート夫妻の泥沼の法廷闘争が表面化。単独オーナーを主張するフランク・マコートに対し、共同所有者としての権利を主張するジェイミー・マコート。泥沼の裁判は2011年10月17日、ジェイミーが1億3000万ドルを受け取り、ドジャースの所有権を破棄して結審。

裁判中も多額の脱税疑惑、ドジャースから多額な私的流用など、さまざまな金銭トラブルが報じられたマコートだったが、その事態を重くみたMLBのコミッショナー、バド・セリグは2011年4月20日に「コミッショナーとしての権限に基づき、本日、ロサンゼルス・ドジャースのオーナー、フランク・マコートに、球団の事業及び日常業務のあらゆる事柄を監督する代表者を任命する事を通知しました。私がこの措置を取ったのは、ドジャースの財政及び運営に関する深い懸念からであり、球団、その熱心なファン、そしてMLB全体の利益を守るためです。MLB機構は、マコートのオーナーシップ期間中のドジャース及び関連団体の運営及び財政に関する徹底的な調査を継続します。代表者の氏名は数日中に発表します。ドジャースはスポーツ界でもっとも名誉あるフランチャイズのひとつであり、MLBはドジャースが現在適切に運営され、将来も適切に運営されることを保証する義務をファンに対して負っています」と声明文を発表。

ニューヨーク・タイムズ紙はセリグの判断を賞賛。一方、スポーツ専門局ESPNの特派員ウォジェホスキーは、セリグを筆頭に買収時点でマコートの財政状況の悪化は認識していたはずと反論。マコートも声明に対して「MLBは、全30チームが従わなければならない厳格な財務ガイドラインを定めている。ドジャースはこれらのガイドラインに従っている。このことから、コミッショナーの今日の決定を理解するのは難しい」と主張した。

同年4月25日、セリグは元駐日大使でテキサス・レンジャーズの元会長トム・シーファーをドジャースの財務責任者に任命。6月、追い込まれたマコートは選手の年俸はもとより従業員の給料の支払いにも困窮する。6月27日、ドジャースは連邦裁判所に連邦破産法第11条に基づく破産保護を申請。マコートは「ドジャースに背を向け、我々を差別し、今日のような状況に追い込んだ。コミッショナーが故意にドジャースを経済的リスクにさらす立場にいる事など、私は絶対に許せない」と怒りをあらわにする。これを受けてセリグは「当初の目標は、ドジャースが現在適切に運営され、将来も何百万人ものファンの為に適切に運営される事を確実にする事でした。マコートが今日取った行動は、この歴史的なフランチャイズに更なる損害を与えるだけです」と回答。熾烈《しれつ》を極めた法廷闘争は2011年11月1日、「ロサンゼルス・ドジャースとMLB機構は、本日、ドジャースとオーナーのフランク・マコートに最大限の価値をもたらす形で、球団と付随するメディア権を売却する裁判所監督手続に合意した」と発表され幕を閉じた。

これを受け、MLBはドジャースの新しいオーナーを決める入札を開始。入札の最終期限は2012年1月24日に設定された。現ニューヨーク・メッツのオーナー、スティーブ・コーエン、元オーナー、ピーター・オマリーを中心としたグループ、元ドジャースのエース、オーレル・ハーシュハイザーとスティーブ・ガービーを含むグループなど、数多くのオーナー希望者が殺到する中、2012年3月27日、フランク・マコートとグッゲンハイム・ベースボール・マネジメント社との間で売却が成立。買収額は当時、世界プロスポーツ史上最高額となる21億ドルとされている。

グッゲンハイム・ベースボール・マネジメント社は、投資銀行を始めさまざまな金融サービスを世界中で展開する金融王手のグッゲンハイム・パートナーズの社長マーク・ウォルターが中心となって組織された会社。このグループは現在もロサンゼルス・ドジャースのオーナーを務めている。オーナーグループの中には、NBAの伝説的選手マジック・ジョンソン、NBAアトランタ・ホークスで当時史上最年少となる27歳でGMに就任後、アトランタ・ブレーブスやワシントン・ナショナルズで球団社長を務めて来たスポーツ界の重鎮、スタン・カーステンなどが含まれている。

オーナーの変更により、財政面での安定を取り戻したロサンゼルス・ドジャースは、長期的な黄金期に突入。その黄金期形成にもっとも貢献しているのが、2014年10月14日にドジャースと契約を結んだアンドリュー・フリードマンだ。

フリードマンはルイジアナ州ニューオリンズにあるチューレン大学に野球のスカラシップを得て進学。しかし、1年生の時に死球により左手骨折、2年生の時には左肩脱臼の怪我を負い、選手としては大成せず、大学院に進学して経営学の学士号を取得。卒業後、ニューヨーク・ウォール街の投資銀行ベア・スターンズに勤務。後にベア・スターンズは金融危機の影響を受けて倒産。フリードマンは倒産前に同じ金融業界の会社に転職。このころ、同じウォール街で働いていた投資家のスチュアート・スターンバーグと出会い、意気投合。

スターンバーグは2004年にタンパベイ・デビルレイズ（現レイズ）のオーナーグループに参画。スターンバーグの誘いでフリードマンはデビルレイズに加わり、2005年シーズン終了後にGMに就任。少ない資金力で最大のリターンを生み出すために、他球団で埋もれている選手を獲得して育成、バットスピードや投球の回転数など、現在では当たり前のデータを駆使して、選手を再生させるなど、さまざまな戦術で弱小球団を勝てるチームに変革していった。

2014年10月14日、フリードマンは5年3500万ドルの契約でドジャースの編成本部長に就任。就任に際して重鎮スタン・カーステンは「今日の野球界でもっとも若く、もっとも聡明な人物のひとり」と賞賛。歴史的な大型契約を締結した大谷も、自身の契約の中に「もし、フリードマンがチームを去った場合、自身の契約を破棄できる」という条項を盛り込むほどにフリードマンを信頼している。

資金力がないレイズで成功を収めたフリードマンが、潤沢な資金力を誇るドジャースに移籍した事は、まさに「鬼に金棒」で、フリードマン加入後のドジャースの戦績を見れば一目瞭然だろう。

１４０年以上前に野球好きな名もなき４人の男が創立した小さなクラブ。ドジャースの礎を築いたチャールズ・エベッツ。現在にも通じるファームシステムを構築、人種の壁を壊したブランチ・リッキー、ＭＬＢにとって未開の地だった広大な西海岸を開拓、マーケットを拡大したウォルター・オマリー。視線を世界に向けたピーター・オマリー。ドジャースの歴史は、ＭＬＢを大きく変えた歴史でもある。

第4章

ドジャースの欠番と殿堂

史上最年少で殿堂入りした伝説の左腕

１９６３年、１９６５年、１９６６年に投手三冠を達成して、サイ・ヤング賞を受賞した「神の左腕」「生きる伝説」と称されるサンディー・コーファックス。１９５４年12月14日、地元ブルックリンの球団であるドジャースと契約金１万４０００ドル、年俸６０００ドル、合計２万ドルで正式契約を交わした。当時の契約ルールによりマイナー経験なしで１年目からＭＬＢデビューを飾ると、12試合に登板、先発は５試合で２勝２敗、防御率３・02を記録。課題の制球難がなかなか改善されないまま数シーズンを過ごしたが、１９５９年８月31日のサンフランシスコ・ジャイアンツ戦で当時のＭＬＢタイ記録となる１試合18奪三振を記録。しかし、プロ入り６年間で通算36勝40敗、防御率４・10と平均以下の成績しか残せずに一度は引退を決意する。

それでもオフに翻意して引退を撤回すると翌１９６１年に新たな投球フォームとメンタルアプローチを手に入れ、歴史に名を残す左腕として眩《まばゆ》い輝きを放ち出す。同年、ナショナル・リーグ記録となるシーズン２６９奪三振に加え、18勝を記録。

１９６２年には投手有利となった新天地ドジャー・スタジアムでさらに躍動し、６月30

32
サンディー・コーファックス
Sandy Koufax

1955▶1966
ブルックリン・ドジャース／
ロサンゼルス・ドジャース

日のニューヨーク・メッツ戦でノーヒット・ノーランを達成。1963年にはストライクゾーン拡大の新ルールも味方し、25勝、306奪三振、防御率1・88で投手三冠、サイ・ヤング賞を獲得するなど、MLB史に残る大エースとなった。

しかし、度重なる故障で痛み止めが欠かせなくなり、3度目の投手三冠を達成した1966年を最後に電撃引退。1972年には史上最年少となる36歳20日で野球殿堂入りを果たし、同年6月4日、背番号32はドジャースの永久欠番に指定された。現時点で存命しているドジャースの永久欠番選手は、サンディー・コーファックスただひとりである。

MVPを3度受賞した悲運の名捕手

ドジャース史上最強の捕手と称されるロイ・キャンパネラ。アメリカ野球殿堂の公式ホームページでは、「彼のキャリアは、肌の色のせいで遅く始まり、悲劇的な自動車事故で早く終わった。その間、キャンパネラは完璧な捕手として10年間プレーして、野球界に華を添えた」と紹介されている。

まだ人種差別が色濃く残った1921年生まれのキャンパネラは15歳からニグロ・リーグ（注 ニグロは当時も特定人種を差別的に扱っていた言葉であり、現在も人種差別用語と認知されている。今日の人権擁護の見地に照らして不適切であり、使用すべき言葉ではない。本書では、当時のアメリカ球界で正式名称として使用されていたため、当該リーグを指す際にのみ、歴史的用語としてやむなく使用するが、このリーグ名自体が差別用語であり、当時のアメリカ社会、アメリカ球界の差別的な状況を示していることを読者諸氏には理解していただきたい）でプレーを始め、1946年3月に24歳でドジャースと契約。ジャッキー・ロビンソンがMLBデビューした翌年、1948年にMLBに昇格。7月から正捕手の座をつかむと、1949年から8年連続球宴選出。1951年、打率3割2分5厘、33本塁打、108打点を記

39
ロイ・キャンパネラ
Roy Campanella

1948▶1957
ブルックリン・ドジャース

録して自身初となるMVPを獲得する。1953年には打率3割1分2厘、41本塁打、142打点を記録して自身2度目となるMVPを獲得。本塁打と打点は、1970年にシンシナティ・レッズのジョニー・ベンチが45本塁打、148打点を記録するまで、MLBの捕手最多記録だった。

その後も1955年に自身3度目となるMVPを受賞するなど、MLBを代表する強打の捕手として活躍したが、1958年1月28日に自動車事故を起こし、首の骨を骨折して胸から下が麻痺《まひ》。ドジャースはキャンパネラが手術とリハビリのために入院している間、約1年間にわたり給料を払い続けたが、残念ながらグラウンドに戻ることはなかった。

MLBの人種差別に終止符を打ったレジェンド

1900年以降の近代野球史上、もっとも重要な選手と称されるのが「野球のプレースタイルを変えたベーブ・ルースとアメリカ人の考え方と価値観を変えたジャッキー・ロビンソン」のふたりだろう。1947年4月15日、MLBで60年以上続いてきた人種差別／カラーバリアは、ジャッキー・ロビンソンによって終止符が打たれた。1919年1月31日、ジョージア州カイロで父ジェリーと母マリーのもと、5人兄弟の末っ子として誕生したジャック・ルーズベルト・ロビンソンは、従軍やニグロ・リーグ（注　ニグロについては156ページに注記を記載）でのプレーを経て1945年10月23日、ドジャースのマイナー組織、モントリオール・ロイヤルズと契約を交わした。

当時、ドジャースの球団社長兼GMのブランチ・リッキーは、人種差別の壁を打ち破れる可能性を秘めた黒人選手を秘密裏に探していた。リッキーが求めていたのは、才能があり、教養があり、白人アスリートと競う事に慣れ、そして、非飲酒者、非喫煙者。リッキーが理想とする黒人選手像に非常に近かったのが、ジャッキー・ロビンソンだった。

マイナーで結果を残したロビンソンはMLBデビュー後もドジャースの主力として活躍。

42
ジャッキー・ロビンソン
Jackie Robinson

1947▶1956
ブルックリン・ドジャース

白人しか存在しなかったＭＬＢに風穴を空けた。

ドジャースで10年間プレーしたロビンソンは１９５６年に現役を引退。１９６２年、黒人選手として史上初となる殿堂入りを果たした。１９７２年６月４日には背番号42が永久欠番に指定。さらに１９９７年４月15日、ロビンソンのデビュー50周年、ＭＬＢは背番号42を全チーム共通の欠番に指定。現在、ＭＬＢでは４月15日を「ジャッキー・ロビンソン・デー」に制定。この日だけ、全選手が背番号42を付けてプレーしている。「大切なのは何を信じるかではない。何をするかだ」「不可能の反対は、可能ではない。挑戦だ」これは、ロビンソンが残した言葉である。

ドジャースをひとつにした、偉大なキャプテン

ピー・ウィー・リース。本名ハロルド・ピーター・ヘンリー・リース。ドジャースのキャプテンとしてリーグ優勝7回、ワールドシリーズ制覇2回、球宴選出10回を記録した名遊撃手だ。少年時代、ビー玉遊びの名人だったリースは、小さなビー玉を意味するピー・ウィーが愛称となった。体が小さく野球チームに入れなかったリースは、高校最終学年でようやく本格的に野球を始めた。卒業後、地元の電話会社でケーブル設置作業員として働く傍ら、アマチュアの野球リーグに参加。そこでの活躍が認められ、地元ルイビルのマイナー野球チーム、ルイビル・コロネルズに入団。その後、コロネルズはボストン・レッドソックスのオーナー、トム・ヨーキーに買収されレッドソックスのマイナー組織に組み込まれた。1940年にドジャースへトレードされると、同年MLBデビュー。2年目にレギュラーの座を確保し、戦時中は海軍に入隊。グアムから本国に帰還する船上でドジャースが黒人選手であるジャッキー・ロビンソンと契約したニュースを知ることになる。

人種差別が激しかった南部で育ったリースは、黒人とキャッチボールをした事も握手すらした事もなかったが、チームメイトが黒人選手のチーム加入に反対する署名活動を始め

1 ピー・ウィー・リース
Pee Wee Reese

1940▶1958
ブルックリン・ドジャース／ロサンゼルス・ドジャース

る中、請願書に署名する事を拒否し続けた。ロビンソンがチームに合流した後も、激しい野次が飛ぶ中、大衆の前で彼の肩を抱いて声をかけるなど友情をはぐくんだ。

1949年からはチームのキャプテンを務めるなど、ドジャースをけん引。1958年に現役を引退するまで、決して派手な記録を残す事はなかったが、黒子としてチームの勝利に貢献。そして、チームをひとつにした偉大なキャプテンだった。生前、リースは「ドジャースのキャプテンであるという事は、勝利に全力を尽くし、それを継続しようとする組織を代表することを意味します。運が良ければ毎年優勝できたでしょう」と語っている。

私には、ドジャーブルーの血が流れている

「私の血管を切ってみろ、ドジャーブルーの血が流れ出る」

この言葉が、時代とともに変化を遂げ、「ドジャーブルーの血が流れている」になった。アメリカ国内でもっとも有名なＭＬＢの監督のひとりと称されるトミー・ラソーダが残した数々の名言のうちのひとつだ。野茂英雄がＭＬＢデビューを果たした当時のドジャース監督だった事もあり、日本国内でも知名度が高い。

ラソーダは、投手、スカウト、監督として約40年間、ドジャーブルーに尽くし、身を置いた。現役時代の大半はマイナーで過ごし、ＭＬＢでは目立った実績を残していない。通算成績は26登板６先発、０勝４敗、防御率６・15。

現役引退直後の１９６０年、ドジャースのスカウト・ディレクターを務めていたアル・カンパニスの誘いで、古巣ドジャースの地区スカウトの職についた。１９６５年、ドジャース傘下ルーキーリーグのポカテロ・チーフスの監督に就任するとマイナーで指導者経験を積み、三塁ベースコーチを経て１９７６年からドジャースの指揮官となる。

そこから１９９６年シーズン途中に心臓発作を起こして監督引退を発表するまで、実に

2
トミー・ラソーダ
Tommy Lasorda

1954▶1955/
1976▶1996

ブルックリン・ドジャース/
ロサンゼルス・ドジャース

21年間、ドジャースの監督として通算１５９９勝１４３９敗、ワールドシリーズ制覇２回、リーグ優勝４回、地区優勝８回を記録。

健康を取り戻した後は２０００年シドニー・オリンピックでチームＵＳＡを率いて金メダルを獲得。晩年になってもドジャー・スタジアムに通い、試合観戦を続けた。

「背中の名前の為にプレーするのでは無く、胸の名前の為にプレーする」これは、自分自身の名声や富の為ではなく、チームに忠誠を尽くす事を説いたラソーダの言葉。まさにこの言葉を地でいったラソーダは、全てをドジャースに捧《ささ》げた人生だった。

通算本塁打、打点でドジャース球団記録を保持

ニューヨーク・ヤンキース、ニューヨーク・ジャイアンツ、ブルックリン・ドジャース、ニューヨークに本拠地を構える3チームには、1950年代、MLBの歴史に名を残す名中堅手が在籍していた。ヤンキースには史上最強スイッチヒッターのミッキー・マントル。ジャイアンツには史上最強の万能選手ウィリー・メイズ。そして、ドジャースのデューク・スナイダーだ。1926年9月19日にカリフォルニア州ロサンゼルスで誕生したエドウィン・ドナルド・スナイダー。息子の自信に満ちた威勢のいい態度が王族の振る舞いのように見えた父ウォードは、息子が5歳の時に「デューク／公爵」という愛称を付けた。

高校入学時点で身長182センチだったというスナイダーは、野球だけでなくアメリカンフットボール、バスケットボールでも活躍。卒業後にトライアウトを経てドジャースに入団している。入団直後に兵役につくも、帰国後の1947年にMLBデビュー。ちなみに、同時期にマイナーから昇格したジャッキー・ロビンソンに対して尊敬の念を抱いていたといい、チームメイトからも差別的な行いを受けていたロビンソンと一緒に食事に出かけたり、フィールドで冗談を言い合う仲でもあった。

4
デューク・スナイダー
Duke Snider

1947▶1962
ブルックリン・ドジャース／
ロサンゼルス・ドジャース

１９４９年に３番中堅手のポジションをつかむと、１９５０年には球宴に初選出され、打率３割２分１厘、31本塁打、１０７打点、リーグ最多となる１９９安打を記録。１９５３年からは5年連続でシーズン40本塁打以上を記録するなど、打線の中核を担い続けた。晩年はニューヨーク・メッツ、サンフランシスコ・ジャイアンツでもプレーし、１９６４年に現役を引退。ドジャースで残した通算本塁打３８４本、打点１２７１は、現在でも球団記録である。ともに時代を彩ったウィリー・メイズは「デュークは立派な人物で、素晴らしい打者だった。ドジャースに所属していたにもかかわらず、素晴らしい友人でした」と語っている。

選手、監督として2球団で永久欠番

１９５０年代最高の一塁手。監督として奇跡を巻き起こした男。そして、球界最高の人格者としてファンに記憶されているギル・ホッジス。ブルックリン・ドジャース時代にともにプレーしたキャプテンのピー・ウィー・リースは「もし息子がいたら、ギル・ホッジスのように成長してくれたら素晴らしい」と語る。

高校卒業後、セント・ジョゼフ大学で体育の教員を目指していたホッジスだったが、２年時にドジャースのオファーを受けて大学を中退し、入団。１９４３年10月3日、レギュラーシーズン最終戦のシンシナティ・レッズ戦で19歳ながらＭＬＢデビューを果たしたが、それから11日後、海兵隊に入隊し、真珠湾、第二次世界大戦最激戦地のひとつとされるテニアン島、そして、沖縄地上戦に従軍する。

帰国後にドジャースに復帰を果たすと、三塁から捕手、そして一塁とコンバートを繰り返し、１９４８年にＭＬＢに定着する。翌１９４９年にリーグ優勝に貢献すると、そこからドジャースは黄金時代を迎える。１９５０年から１９５９年の期間でリーグ優勝５回。その間ホッジスは通算３１０本塁打、１００１打点、１４９１安打を記録しているが、こ

14
ギル・ホッジス
Gil Hodges

1943▶1961

ブルックリン・ドジャース／ロサンゼルス・ドジャース

れは1950年代に一塁手としてプレーした選手の中で全てMLB1位。

現役引退後はワシントン・セネタース（現テキサス・レンジャーズ）、ニューヨーク・メッツで監督を務め、1969年には「ミラクル・メッツ」の快進撃を演出した。

しかし、それからわずか3年後の1972年、心臓発作により47歳の若さで急死。突然の別れに元チームメイトたちは悲しみに暮れ、ブルックリンの小さな教会で行われた葬儀には、数千人の弔問客が訪れた。ホッジスの背番号14はドジャースとメッツ、2球団で永久欠番となっている。

堅実なプレーで魅せる「ドジャース戦法」の体現者

ドジャースの永久欠番に指定された選手で殿堂入りを果たしていない選手は、フェルナンド・バレンズエラとジム・ギリアムのふたりだけ。中でも「野球IQの高さ」「複数ポジションを守れるユーティリティ性」など、現代の野球選手に必要な素質を1950年代にすでに具現化していたのが、ジム・ギリアムだ。

17歳の時にニグロ・ナショナル・リーグ（注　ニグロについては156ページに注記を記載）のボルチモア・エリートジャイアンツと契約。1948年から3年連続ニグロ・リーグの球宴に選出されている。1951年にドジャースとマイナー契約を締結すると、3Aで才能が開花。1953年の開幕戦でMLBデビューを飾り、当時チームが抱えていたリードオフマン不在という悩みを解消する見事な活躍を見せる。シーズン151試合に出場し、130試合で出塁を記録。710打席はリーグ最多。100四球は当時のナショナル・リーグ新人記録。ドジャースは105勝49敗でリーグ優勝。ギリアムはナショナル・リーグ新人王を獲得する。

その後も派手さはないが玄人好みの好選手として地位を築いていったギリアム。内野の

19
ジム・ギリアム
Jim Gilliam

1953▶1966
ブルックリン・ドジャース／
ロサンゼルス・ドジャース

守備では、味方捕手のサインを見て打者の打球を予測して守備位置を変更。自軍の選手が盗塁を試みる時には、打席でバランスを崩すふりをして捕手の送球を邪魔する。２ストライクに追い込まれてからファールで粘り、相手投手に球数を投げさせる。積極的に進塁打を打つ。相手投手の癖を盗み、投球を予想する。投手と捕手以外の全てのポジションを守るなど、「ドジャース戦法」を体現する存在としてチームの勝利に貢献し続けた。

１９６５年には選手兼コーチに就任し、１９６６年に現役を引退。残念ながら叶《かな》うことはなかったが、引退後はＭＬＢ初の黒人監督を目指し、熱心に後進指導にもあたっていたという。

「無事これ名馬」を体現した300勝投手

1986年6月18日、本拠地アナハイム・スタジアムで行われたテキサス・レンジャーズ戦。カリフォルニア・エンゼルスの先発は41歳のドン・サットン。立ち上がりから、打たせて取る老獪《ろうかい》な投球でレンジャーズ打線を翻弄。7回に1点を失うも、失点はこれのみ。9回、最後の打者を打ち取るとスタンドが揺れる程の大歓声に包まれた。ドン・サットン、MLB史上19人目となる300勝投手誕生の瞬間だった。

23年間のキャリアで獲得したタイトルは、1980年の最優秀防御率のみ。これだけ少ないタイトル歴の300勝投手は、サットン以外に思い当たらない。通算324勝は歴代14位タイ、通算奪三振3574は歴代7位、通算先発試合数756は伝説の投手サイ・ヤングの815、剛腕ノーラン・ライアンの773に次ぐ歴代3位、シーズン二桁勝利21回は歴代最多、シーズン100奪三振21回以上は、ライアン、グレッグ・マダックス、ロジャー・クレメンス、ドン・サットンの4人しか記録していない。派手さはないが「無事これ名馬」の代表格だ。事実、故障や怪我などで先発ローテーションを外れた事は、現役時代、一度もなかった。

20
ドン・サットン
Don Sutton

1966▶1980
ロサンゼルス・ドジャース

現役引退後は1989年から2006年までアトランタ・ブレーブスで解説者として活躍。1998年に殿堂入りを果たし、同年8月14日に背番号20がドジャースの永久欠番に指定された。

幼少期は貧しい生活の中、両親から「妥協を許さない強い決意、不屈の労働精神、敬虔《けいけん》な宗教心」などを教え込まれて成長。父チャーリーは小学校卒業後から働き、40代で高校卒業資格を取得。両親が自分自身の規範だと常に語っていたサットン。その教えが23年間、一度もローテーションを外れなかった強靱な肉体と強い意志と決意を作り出した。

ドジャースを4度、世界一に導いた名将

1936年9月27日、セントルイス・カージナルスの本拠地スポーツマンズ・パークで行われたシカゴ・カブス戦。8回表、守備交代で一塁のポジションに入った24歳のウォルター・オルストン。オルストンにとってMLBデビューの瞬間だった。2イニングで守備機会は2回、そのうちの1回でMLB初失策を記録。9回裏、2アウトで巡ってきたMLB初打席。結果は三振。これが、オルストンがMLB選手として残した全記録だ。

選手としての実績は皆無と言っていい。ただ、オルストンのMLBでの「全盛期」は現役を退いた後に訪れた。

1944年、32歳のオルストンはカージナルスから解雇される。すると同年7月28日、ドジャースがマイナーリーグ、クラスBのトレントン・パッカーズに選手兼監督としてオルストンと契約。その後3Aで実績を積むと、1954年にブルックリン・ドジャースの監督に大抜擢《だいばってき》される。無名だったオルストンの監督就任に地元ニューヨークの新聞は、「誰だお前は?」「ウォルター? 誰?」などと書き立てた。それでも、就任1年目に92勝62敗、リーグ2位を記録すると、翌年にはリーグ優勝。

24
ウォルター・オルストン
Walter Alston

1954▶1976

ブルックリン・ドジャース／
ロサンゼルス・ドジャース

結果的にオルストンはそこから1976年まで、実に24年間の長期政権を築く。その間に残した実績はリーグ優勝7回、ワールドシリーズ制覇4回。ブルックリン・ドジャースとしても、ロサンゼルス・ドジャースとしても、初の世界一はともにオルストンのもとで達成されている。

また、複数年契約を結ぶ監督が徐々に増加していった時代にもかかわらず、全て1年間の単年契約で長期政権を維持したのも特筆だ。監督を退いた翌年の1977年、ドジャースはウォルター・オルストンの背番号24を永久欠番に指定。1983年には野球殿堂入りも果たしている。

恐怖のインコース攻めで相手打者を震え上がらせる

1960年代、MLBの打者たちからもっとも恐れられていた投手、愛称「ビッグ・D」こと、ドン・ドライスデール。196センチという大柄なサイドスロー投手は、打者のインコースを躊躇《ちゅうちょ》なく、容赦なく攻めるアグレッシブな投球が最大の武器だった。打者を大きく退け反らせるインコースの速球は、ブラッシュバックピッチと呼ばれ、バランスを崩した打者に対してアウトコースの変化球で打ち取るパターンで三振と勝利を量産した。

厳しいインコース攻めが身上だったこともあり、1958年から1961年にかけて4年連続ナショナル・リーグ最多死球を記録。通算死球154は引退当時、ナショナル・リーグ最多記録だった。ドライスデールと同時期にプレーした黒人選手史上初の三冠王、フランク・ロビンソンは、「ドライスデールは誰よりも私にぶつけた。彼は毎回、打席で私をロッキングチェアーのように動かし続けた。私はずっと熊と格闘しているような気分だった。球場を出る時には疲れ果てていた。しかし、私は彼の仕事のやり方を尊敬していた」と回顧している。

MLBではドジャース一筋で、実働14年間、通算209勝、166敗、2486奪三振、

53
ドン・ドライスデール
Don Drysdale

1956▶1969
ブルックリン・ドジャース／ロサンゼルス・ドジャース

防御率2・95を記録。最多奪三振を3度、サイ・ヤング賞と最多勝を1度ずつ獲得している。現役引退後も野球界から離れず、解説者としてMLBを見守り続けたが、1993年7月2日、モントリオールのホテルで倒れているのが発見され、54歳の若さでこの世を去った。ちなみに、死去した当日も、現地での解説が予定されていた。

生前「自分の中の小さなルールとして、味方の選手がひとり倒されたら、相手の選手をひとり倒す」と語るなど、相手打者を恐怖の淵《ふち》に追い込む、ブラッシュバックピッチで一時代を築き上げた闘争心剝《む》き出しの投手の早すぎるお別れに、多くの野球ファンは落胆した。

野茂、大谷より先に一大旋風を巻き起こしたメキシコの英雄

２０２４年、ドジャー・スタジアムの主役は大谷翔平だった。その活躍は日米を巻き込む社会現象と化した。１９９５年、前年から続いたストライキの影響で、ファンはボールパークから離れた。そんなファンをボールパークに呼び戻したのが独特の「トルネード投法」とフォークで三振の山を築いた野茂英雄だった。その熱狂は「ノモ・マニア」と称された。ふたりの活躍は、ボールパークに人を呼び、熱狂という大きなうねりを生み出した。

そして、偉大なふたりの日本人選手より前に、同じような現象をドジャー・スタジアムで巻き起こしたのが、フェルナンド・バレンズエラだ。故郷のメキシカンリーグでプレーしていたバレンズエラは１９７９年７月６日、12万ドルでロサンゼルス・ドジャースと契約。翌年にＭＬＢデビューを飾ると、３年目の１９８１年、当時のエース格、ジェリー・ロイスが故障したことにより20歳の若さで開幕投手に大抜擢される。ＭＬＢ初先発となったこの試合でいきなり完封勝利を記録したバレンズエラはその後も快投を続け、ロサンゼルスで大フィーバーを巻き起こす。バレンズエラをスカウトしたブリトは、後に「メキシコの貧しい農村で育った20歳のメキシコ人が、ＭＬＢで大活躍するシナリオを書き上げて、

34
フェルナンド・バレンズエラ
Fernando Valenzuela

1980▶1990
ロサンゼルス・ドジャース

ハリウッドの映画プロデューサーに見せたら、間違いなく、こんな話は映画にもならないと笑われたはずだ」と回顧している。

ドジャースでは1990年までプレーを続け、1997年に現役を引退。2003年にドジャースのスペイン語放送の解説者として古巣に復帰すると、2023年8月11日、現役時代の背番号34が殿堂入りを果たしていない選手としてはドジャース史上2人目となる永久欠番に指定された。2024年10月22日、ロサンゼルスの病院で死去。享年63歳。ワールドシリーズが開幕する3日前の訃報だった。

第5章 ドジャースとワールドシリーズ

8度のワールドシリーズチャンピオン

2024年にワールドシリーズを制したロサンゼルス・ドジャース。

2020年以来、4年ぶり8度目の快挙だった。

過去7度の世界一にはどのようなドラマがあったのだろうか。

順を追って紐解いてみたい。

1955年　初めてのシリーズ制覇

1955年のワールドシリーズは、ブルックリン（現ロサンゼルス）・ドジャース対ニューヨーク・ヤンキースの顔合わせだった。

ブルックリン・ドジャースは開幕から10連勝を記録して、開幕24試合消化時点で22勝2敗。シーズン98勝55敗の圧倒的強さでナショナル・リーグを制した。

攻撃の中心は、シーズン打率3割0分9厘、42本塁打、136打点のデューク・スナイダーと、打率3割1分8厘、32本塁打、107打点を記録したロイ・キャンパネラ。投手陣の中心は、20勝5敗のドン・ニューカムだった。

一方、ニューヨーク・ヤンキースは96勝58敗で、通算21回目のアメリカン・リーグ制覇となった。

攻撃の中心は、シーズン打率3割0分6厘、37本塁打、99打点のミッキー・マントルと、打率2割7分2厘、27本塁打、108打点を記録したヨギ・ベラ。投手陣の中心は18勝7敗のホワイティー・フォードという陣容。

ニューヨークを本拠地とする両チームのワールドシリーズでの対戦は、1941年、1947年、1949年、1952年、1953年以来となる6回目。過去5回の対戦では全てヤンキースが勝利していた。

ヤンキースは1923年にワールドシリーズを初制覇して以降、1949年から1953年にかけての5連覇を含む、ワールドシリーズ16回制覇。一方のドジャースは、ワールドシリーズ制覇なしだった。

9月28日、ヤンキー・スタジアムで行われた第1戦。両チームの先発はフォードとニューカムのエース対決となった。

6回裏にコリンが2ラン本塁打を放つなど、7回終了時点でヤンキースが6対3のリード。迎えた8回表、ドジャースの攻撃。先頭打者フリオがヒットで出塁。1死後、7番三塁手のジャッキー・ロビンソンが三塁失策で出塁。8番ジマーの犠牲フライで1点を返して、2死、3塁にロビンソン。

その直後、セットポジションではなく、大きく振りかぶって投げるフォードの隙をつき、ロビンソンがホームスチールを敢行。写真や映像を見てもギリギリのタイミングだったこともあり、フォードはのちに「ロビンソンのリードが大きかったので、わざと大きく振りかぶってホームスチールを誘発させた。実際、あのプレーはアウトだった」と回顧。

捕手のベラも「彼の足よりもタッチの方が早かった」と語っていたが、その後、別角度の写真が発見され、ベラのミットよりも前にロビンソンの足がホームベースに触れていたことが確認され、アウトだったというヤンキースファンの声はかき消された。

だが、劇的なホームスチールも及ばず、この試合は6対5でヤンキースが勝利している。

9月29日の第2戦もヤンキースが4対2で勝利して迎えた翌30日の第3戦。本拠地に戻って来たドジャースの先発は、この日23歳の誕生日を迎えたシーズン9勝10敗の左腕ジョン・ポドレス。

ヤンキースの先発はシーズン17勝13敗を記録したボブ・ターリー。ターリーは1958年に21勝を記録してサイ・ヤング賞を獲得。1955年時点で奪三振王1回、球宴選出2回を記録している好投手だった。

1回裏に4番捕手のロイ・キャンパネラが、左中間スタンドに先制の2ラン本塁打を記録して迎えた2回表。足の故障の影響でこのワールドシリーズ初スタメンとなった4番中堅手のミッキー・マントルが、センター最深部に豪快なソロ本塁打を記録。このワールドシリーズでマントルは3試合しか出場できず、本塁打はこの日の1本だけだった。なお、この試合はドジャースが勝利している。

10月1日、エベッツ・フィールドで行われた第4戦。ドジャースの先発は、シーズン11勝8敗、1953年には20勝6敗を記録したカール・アースキン（2024年4月16日に死去、享年97。1955年のワールドシリーズプレー経験者で唯一の存命者だった）。ヤンキースはデビュー3年目で9勝2敗を記録したドン・ラーセン。

試合は主砲・スナイダーの3ラン本塁打などが飛び出し、ドジャースが8対5と打ち勝った。対戦成績は2勝2敗の五分に戻った。

10月2日、エベッツ・フィールドで行われた第5戦。ドジャースの先発は、同年7月17日にデビューしたばかりの新人ロジャー・クレイグ（引退後、パドレスとジャイアンツの監督を歴任。MLBにスプリット・フィンガード・ファストボールを普及させた第一人者）。ヤンキースは1954年に20勝を記録して新人王を獲得したボブ・グリム。

2回裏に8番左翼手の伏兵サンディー・アモロスの本塁打でドジャースが先制すると、3回裏には3番中堅手のスナイダーのソロ本塁打で追加点。さらに5回裏、スナイダーが2打席連続本塁打を記録。この2本でスナイダーのシリーズ本塁打は4本となった。

スナイダーは1952年のワールドシリーズでもヤンキースを相手にシリーズ4本塁打を記録している。現時点で、MLB史上唯一となる、異なるワールドシリーズで2度のシリーズ4本塁打を記録した選手となった。

試合はドジャースが5対3で勝利。世界一に王手をかけた。

10月3日、場所をヤンキー・スタジアムに移して行われた第6戦。後がないヤンキースの先発はエースのホワイティー・フォード。ドジャースは2年目の無名投手カール・スプナー。

6回裏、2点を追うヤンキースの攻撃。6回表の攻撃で二塁手ドン・ジマーに代打を送ったドジャースは、左翼手のギリアムを二塁に、左翼に守備の名手アモロスを起用していた。

無死1、2塁で打席には4番捕手のベラ。ベラが打った打球はレフト線への大飛球。どんどん切れていく打球を懸命に追っていく、この回から守備についたアモロス。なんとか打球に追いついたアモロスが好捕。その時、打球が抜けると判断した一塁ランナーのマクドゥガルドは、塁を大きく離れていた。好捕したアモロスは強肩を活かして、ボールを遊撃手のリースに送り、リースから一塁のホッジスへ。帰塁できなかったマクドゥガルドはアウトになりダブルプレーが成立。このプレーが1955年のワールドシリーズの行方を決した。

ポドレスは8安打を打たれながら、粘りの投球で見事完封勝利を記録。ブルックリン・ドジャースがチーム史上初となるワールドシリーズを制覇した。

1955年のワールドシリーズからシリーズのMVPが制定され、2試合を投げ、2完投1完封を記録したジョニー・ポドレスが栄えある初代ワールドシリーズMVPに選出されたのだった。

悲願のワールドシリーズ制覇を果たしたドジャースだが、チームはその後、西海岸ロサンゼルスに移転。この時がブルックリン・ドジャースとしての、最初で最後の世界一となった。

1959年　ロサンゼルス移転後初、通算2度目の制覇

1959年、ロサンゼルス・ドジャースは、移転後に初めてワールドシリーズ進出を果たした。対戦相手は1919年以来、40年ぶりに進出してきたシカゴ・ホワイトソックス。40年前はシンシナティ・レッズと対戦して敗れ、「ブラックソックス事件」（8選手がマフィアと組み八百長を行った）が起こったワールドシリーズだった。

この年のドジャースは、レギュラーシーズンでミルウォーキー・ブレーブスとサンフランシスコ・ジャイアンツとの壮絶な三《み》つ巴《どもえ》の戦いを繰り広げ、最終的にはブレーブスと3試合制のプレーオフが開催された。結果、ドジャースが第2試合を延長12回サヨナラ勝利

で2連勝とし、ワールドシリーズ進出を決めた。

攻撃の中心は打率3割0分8厘、23本塁打、88打点を記録した右翼手のデューク・スナイダーと打率2割7分6厘、25本塁打、80打点を記録した一塁手のギル・ホッジス。この両ベテランに加えて、セントルイス・カージナルスから移籍してきた1954年新人王の左翼手ウォーリー・ムーンもいた。投手陣は、ドン・ドライスデール、サンディー・コーファックス、ジョニー・ポドレス、ロジャー・クレイグで構成される強力先発陣が武器。

シカゴ・ホワイトソックスは、アル・ロペス監督が投手力、守備力、走力を武器とするチームを作り上げ、その戦いぶりは「ゴーゴー・ソックス」と称された。攻撃の中心は、「ゴーゴー・ソックス」を象徴する名手で盗塁王の遊撃手ルイス・アパリシオ。打率3割0分6厘、2本塁打、70打点を記録してシーズンMVPを獲得した二塁手のネリー・フォックス。投手陣は、22勝10敗でサイ・ヤング賞を受賞したアーリー・ウィン。18勝6敗を記録したボブ・ショウが中心である。

10月1日、ホワイトソックスの本拠地コミスキー・パークで行われた第1戦。ホワイトソックスの先発はエースのアーリー・ウィン。ドジャースの先発はロジャー・クレイグで試合は始まった。

1回裏、シーズン途中にピッツバーグ・パイレーツから移籍してきた、1954年の本塁打王、4番一塁手テッド・クルシェフスキーのタイムリーでホワイトソックスが先制。

3回裏、クルシェフスキーの2ラン本塁打などでホワイトソックスが一挙7点を記録して勝負の行方は決した。エースのウィンは7回無失点の好投を見せて、11対0の大勝に貢献。


10月2日に行われた第2戦。ドジャースの先発はジョニー・ポドレス。ホワイトソックスの先発はボブ・ショウ。

2対1のホワイトソックスリードで迎えた7回表、2死走者なし。9番投手ポドレスに代わり、代打チャック・エッセギアンが送られる。すると、シーズン1本塁打のエッセギアンが、この場面で値千金の同点ソロ本塁打を放つ。

続く1番三塁手ジム・ギリアムが四球で出塁、打席には2番二塁手のニール。ショウが投じた2球目を強振した打球は、センターバックスクリーンに飛び込む、1試合2本目となる2ラン本塁打となった。

その後、二番手としてマウンドに上がった2年目のラリー・シェリーが3回1失点の好投を見せてドジャースが4対3で逆転勝利。

10月4日、ドジャースの仮の本拠地ロサンゼルス・メモリアル・コロシアムで行われた第3戦は、アメリカ西海岸で史上初めて行われたワールドシリーズとなった。

スタンドには9万2394人の大観衆。ドジャースの先発はエースのドライスデール。ホワイトソックスは、シーズン9勝10敗のディック・ドノバン。

ドライスデールは立ち上がりから走者を許すが、要所を締めてなんとかホワイトソックスを抑えていた。一方のドノバンは、立ち上がりから素晴らしい投球を披露。2回裏に5番一塁手のホッジスにレフト前ヒットを許した以外は無安打。6回被安打1の快投。6回終了時点で0対0。

試合が動いたのは7回裏1死。2番二塁手ニールがレフト前ヒットで出塁すると、2死から4番左翼手ノーム・ラーカー、5番一塁手ホッジスが連続四球で出塁。ここで好投のドノバンに代わり38歳のベテランで抑えを務めていたジェリー・ステイリーが登板。打席には6番中堅手ドン・デメタに代わり代打カール・フリロ。1953年に首位打者を獲得したフリロは37歳のベテラン（翌年引退）。

初球ストライクからの2球目、食らいついたフリロの打球は、ゴールドグラブ・コンビの二遊間を破るヒットになりドジャースが2点を先制。

8回表に連打を許したドライスデールに代わりラリー・シェリーがマウンドへ。1点を失ったものの後続を抑えてそのまま投げ切った。シェリーは2試合連続セーブを記録し、チームは3対1で勝利。この試合でドジャースが記録した安打は5本。対してホワイトソックスは12安打、11残塁だった。


10月5日、ドジャースの2勝1敗で迎えた第4戦。ドジャースの先発はロジャー・クレイグ。ホワイトソックスはアーリー・ウィン。第1戦と同じ顔合わせとなった。

4対0で迎えた7回表。ホワイトソックスが1点を返し、なおもランナーふたりを置いて打席には5番捕手シャーム・ローラー。34歳のベテランながら自己最多となるシーズン22本塁打を記録。クレイグが投じた2球目を捉えた打球は、レフトポール際に飛び込む値千金の同点3ラン本塁打となった。

同点に追いつかれた8回裏。先頭打者のホッジスが4番手投手のゲリー・ステイリーから均衡を破るソロ本塁打を放ち、ドジャースが5対4とリード。

その後、同点の8回からマウンドに上がったシェリーがホワイトソックス打線を抑えて勝利投手に。連日の好投でシェリーは1勝2セーブとなり、チームは3勝1敗で世界一に王手をかけた。

10月6日の第5戦。勝てばチーム創設以来2回目、ロサンゼルス移転後初のワールドシリーズ制覇が決まる一戦。コロシアムには9万2706人が詰めかけ、ワールドシリーズ1試合の最多観客動員記録となった。なお、現存するボールパークの最大収容人数はドジャー・スタジアムの5万6000人のため、この日の観客動員数は今なお不滅の記録となっている。

ドジャースの先発は、シーズン8勝6敗、才能が開花する前夜の23歳サンディー・コーファックス。ホワイトソックスは第2戦の先発ボブ・ショウ。

試合は立ち上がりから両先発による投手戦が繰り広げられたが、展開が動いたのは4回表、ホワイトソックスの攻撃。無死1、3塁で打席には4番捕手のローラー。初球を打ったローラーの打球を二塁手ニールがダブルプレーにしたが、その間に3塁走者フォックスが先制のホームを踏んだ。

ドジャースに王手がかかり、9万2706人が観戦したこの試合で生まれた得点は、両軍合わせてこの1点のみだった。ホワイトソックスのショウが7回1/3を無失点、コーファックスは7回1失点。1対0で勝利したホワイトソックスは、なんとか本拠地に帰還することができた。


10月8日、コミスキー・パークで行われた第6戦。後がないホワイトソックスは第4戦の先発ウィンを中2日で送り出した。ドジャースの先発は第2戦の先発で休養十分のジョニー・ポドレス。

4回表。ドジャースは先頭の6番ラーカーのヒットを皮切りに怒濤《どとう》の攻撃を見せ、3番左翼手ムーンがとどめの2ラン本塁打を放ち、8対0。

直後の4回裏、5番一塁手クルシェフスキーが3ラン本塁打を記録したが、ホワイトソックスの反撃はこの一打のみ。試合は9対3でドジャースの圧勝となり2回目の世界一となった。

4回途中からリリーフ登板したドジャースのシェリーに勝ちが付き、ワールドシリーズ

2勝2セーブで見事MVPを受賞。

1959年のワールドシリーズは、ロサンゼルス・メモリアル・コロシアムで行われた最初で最後のワールドシリーズとなり、シカゴのコミスキー・パークで開催された最後のワールドシリーズとなった。

1963年 北米4大スポーツ史上初のニューヨーク対ロサンゼルス決戦

1963年のワールドシリーズは、北米4大スポーツ史上初となる、ニューヨークとロサンゼルスに本拠地を構えるチーム同士の対戦となった。

ニューヨーク・ヤンキースはシーズン104勝57敗でアメリカン・リーグ4連覇。攻撃の中心は、打率2割8分7厘、28本塁打、85打点を記録して、アメリカン・リーグ史上初となる黒人選手でMVPを獲得した捕手エルストン・ハワード。打率2割7分1厘、27本塁打、89打点を記録した一塁手ジョー・ペピトーン。ちなみにペピトーンは、1973年に日本のヤクルトアトムズでプレー。素行の悪さから史上最悪の外国人選手と称された。

スーパースターのミッキー・マントルは、同年6月5日の試合で本塁打を阻止しようとフェンスに激突した際に、足を骨折してレギュラーシーズン65試合のみの出場となった。ヤンキースを象徴する捕手ヨギ・ベラは、38歳で控えに回り64試合に出場。

投手の中心は、24勝7敗で最多勝を獲得したホワイティー・フォード。21勝7敗を記録した2年目のジム・バウトン。

一方のロサンゼルス・ドジャースは、シーズン99勝63敗でナショナル・リーグを制覇した。攻撃の中心は、打率2割7分3厘、28本塁打、64打点を記録したフランク・ハワード。1960年にナショナル・リーグ新人王にも輝いているハワードは、1974年には日本の太平洋クラブライオンズに入団している。そのほか、打率3割2分6厘、16本塁打、88打点を記録して2年連続首位打者を獲得した左翼手トミー・デービスも中心選手。ちなみにこの年のレギュラークラスの野手で1950年代のブルックリン・ドジャースを知る選手は、ジム・ギリアムのみである。

投手の中心は25勝5敗を記録してサイ・ヤング賞とMVPをダブル受賞したサンディー・コーファックス。19勝17敗を記録したドン・ドライスデール。16勝3敗21セーブを記録した守護神ロン・ペラノスキー。

10月2日、ヤンキー・スタジアムで行われた第1戦。ヤンキースの先発はフォード、ドジャースの先発はコーファックスという、後に殿堂入りを果たす両左腕の豪華な対決となった。試合前に行われた始球式は、この年限りで引退したセントルイス・カージナルスのスタン・ミュージアルが務めている。

試合は、2回表1死から、6番一塁手ビル・スコーロンがセンター前タイムリーヒットを記録してドジャースが先制。ちなみにスコーロンは、前年1962年11月26日にヤンキースからドジャースへトレード移籍している。

続く7番二塁手、2年目のディック・トラセウスキーもヒットで続き、8番捕手ジョン・ロスボロ。フォードが投じた2球目を強振すると、打球はライトポール際に飛び込む3ラン本塁打となった。

この回だけでドジャースが4点を先制。この日のコーファックスには十分すぎる援護点となった。

8回裏に1962年アメリカン・リーグ新人王の3番左翼手トム・トレッシュに2ラン本塁打を打たれたものの、当時のワールドシリーズ記録となる1試合15奪三振の快投を見せ、5対2の勝利を演出した。敗れたフォードは5回5失点。6万9000人が詰めかけたヤンキー・スタジアムだったが、試合時間はわずか2時間9分だった。

10月3日の第2戦。ヤンキースの先発は13勝5敗を記録した22歳左腕のアル・ダウニング。一方、ヤンキー・スタジアムが左投手に有利と考えていたドジャースのオルストン監督は、右のドライスデールを飛ばして左腕のジョニー・ポドレスを先発に指名。

1回表、3番中堅手ウィリー・デービスが二塁打を放ち、ドジャースが2点先制。さらに4回表にスコーロンのソロ本塁打、8回表に4番左翼手トミー・デービスのタイムリー三塁打で加点した。

ヤンキースは3回表の守備機会で、トミー・デービスの打球を処理する際に左翼手ロジャー・マリスがフェンスに左腕を強打して退場。この時の怪我でマリスは、その後の試合を全て欠場することとなる。5番打者のマリスを欠いた打線は、9回裏に6番捕手エルストン・ハワードのタイムリーで1点を返すのがやっと。結果は4対1でドジャースが勝利し、対戦成績は2勝0敗になった。

10月5日。1962年4月10日に開場したドジャー・スタジアムでは史上初めてのワールドシリーズ開催となった第3戦。ドジャースの先発は満を持して登場のドン・ドライスデール。ヤンキースはジム・バウトン。

1回裏、デービスがセンターに抜けるタイムリーヒットを記録し、3試合連続でドジャースが先制する。これが、この試合で唯一、記録された得点となった。

ドライスデールは、全て単打の3安打しか許さない完璧な投球で完封勝利を記録。ドライスデールと投げ合ったバウトンも7回被安打4、1失点の好投を見せたが援護点がもらえず敗戦投手となった。ドジャースは対戦成績を3勝0敗とし、世界一に王手をかけた。

10月6日の第4戦。両チームの先発投手はフォード対コーファックスという第1戦と同じ顔合わせ。しかし、この日は第1戦とは違い、ファンが思い描く通りの投手戦が展開された。

5回裏1死、ドジャースの攻撃。マウンド上のフォードは、2回裏1死後にハワードにヒットを打たれて以降、ひとりの走者も出していない。打席にはそのハワード。フォードが投じた初球を振り抜いた打球は高々と舞い上がり、レフトスタンド上段に突き刺さる先制ソロ本塁打。この日、フォードが投げた83球中、唯一の失投だった。

7回表1死、ヤンキースの攻撃。打席にはこのシリーズ1安打のみの4番中堅手ミッキー・マントル。コーファックスの投じた初球を捉えたマントルの打球は、ぐんぐん伸びて左中間スタンドに着弾する同点ソロ本塁打となった。

しかしその直後の7回裏。3番中堅手デービスの犠牲フライでギリアムが生還し、ドジャースが勝ち越しに成功する。

最後まで投げ抜いたコーファックスは、9回被安打6、8奪三振、1失点、115球で完投勝利。フォードは7回被安打2、自責1、失点2で負け投手。2先発2完投勝利を記録したサンディー・コーファックスがMVPに選出された。

全米が注目したワールドシリーズは、ドジャースが4戦スイープでヤンキースを圧倒。ヤンキースのワールドシリーズ4戦スイープ負けは史上初となった。ヤンキースは全ての試合で先制を許し、総得点はわずか4点で、一度もリードすることなく破れ去った。

1965年　2年ぶり4度目のワールドシリーズ制覇

1965年のワールドシリーズは、初顔合わせの対戦となった。102勝60敗を記録してアメリカン・リーグを制したミネソタ・ツインズ。1961年にワシントンDCからミネソタ州に移転し、チーム名がワシントン・セネターズからミネソタ・ツインズに変更となった。ツインズとしてのワールドシリーズ進出は初である。

攻撃の中心は、打率2割8分5厘、20本塁打、86打点を記録して、アメリカン・リーグMVPを獲得した遊撃手ゾイロ・ベルサイエス。ベルサイエスは晩年となる1972年に、広島カープでプレーしている。そのほか、打率3割2分9厘、16本塁打、98打点を記録して首位打者を獲得した右翼手トニー・オリバ。8月に肘を脱臼した影響で113試合出場に留まったものの、25本塁打、75打点を記録した一塁手ハーモン・キルブルー。キルブルーは1962年から3年連続本塁打王（計6回本塁打王獲得）、1962年打点王（計3回打点王獲得）の主砲である。

投手の中心は、21勝7敗を記録したマッドキャット・グラントと、18勝11敗を記録したジム・カット。ちなみにグラントは、アメリカン・リーグで20勝を記録した初の黒人投手である。なお、現在でもシーズン102勝はツインズの球団記録として残っている。

この年のナショナル・リーグは、終盤までドジャース、ジャイアンツ、ブレーブス、レッズが激しい首位争いを演じた。最終的には、残り16試合で15勝1敗を記録したドジャースがナショナル・リーグを制している。この年のドジャースは、1964年オフに大砲ハワードをトレード放出、4月に攻撃の中心トミー・デービスが足首を骨折してシーズン全休となった影響で典型的な投高打低となり、攻撃陣では打率2割8分6厘、0本塁打、33打点、94盗塁を記録した遊撃手のモーリー・ウィルスが唯一、及第点の数字を残した選手。

一方、投手陣は26勝8敗、防御率2・04を記録してサイ・ヤング賞を獲得したサンディー・コーファックス、23勝12敗、防御率2・77を記録したドン・ドライスデールを擁し、強力な布陣を誇った。

10月6日、ツインズの本拠地、メトロポリタン・スタジアムで初めてのワールドシリーズ開催となった第1戦。同球場には4万7797人が詰めかけた。ドジャースの第1戦の先発はエース、コーファックスが適任だったが、この日はユダヤ教最大の祭日「ヨム・キプル」にあたり、敬虔なユダヤ教徒のコーファックスは、先発しないことを公言。そのため第1戦の先発はドライスデールとなった。ツインズ先発はエースのグラント。

試合が大きく動いたのは、1対1で迎えた3回裏、ツインズの攻撃。無死1、3塁で打席には1番遊撃手ゾイロ・ベルサイエス。ドライスデールが投じた3球目を捉えた打球は、レフトスタンドに突き刺さる勝ち越し3ラン本塁打となった。なおも攻撃の手を緩めないツインズは、さらに2死満塁の好機を演出。7番捕手、1960年から3年連続ゴールドグラブ受賞の名手アル・バティーが、4球目をレフト前に運ぶ2点タイムリーヒットを放つ。8番二塁手クリチもタイムリーヒットで続き、一挙6得点のビッグイニング。ドライスデールをKOした。

初戦は8対2でツインズの圧勝。ツインズ先発のエース、グラントは9回2失点で完投勝利。グラントは、ワールドシリーズで勝利投手になった初の黒人投手となった。

10月7日の第2戦。この日は強い風と雨が降る中で試合が行われた。ツインズの先発はジム・カット。ドジャースは満を持してエース、サンディー・コーファックスが先発。最悪のコンディションの中、両先発投手は立ち上がりから素晴らしい投球を披露して、試合は投手戦へ。

試合が動いたのは6回裏。3番右翼手トニー・オリバ、4番三塁手キルブルーにタイムリーヒットが飛び出し2点を先制。コーファックスは2失点で降板となった。

直後の7回表。8番捕手ジョン・ロスボロのタイムリーヒットで1点を返したドジャースだが、ツインズが7回裏に1点、8回裏に2点を奪い5対1とリードを拡げた。投げては先発カットが9回1失点の好投を見せて完投勝利。ツインズは、ドジャースが誇るドライスデール、コーファックスの二枚看板を見事に撃破して2勝0敗とした。

10月9日、ドジャースの本拠地ドジャー・スタジアムで行われた第3戦。ドジャースの先発はシーズン15勝15敗の左腕クロード・オースティン。ツインズはシーズン9勝3敗、球宴選出5回を記録するベテランのカミロ・パスカル。

試合が動いたのは4回裏。1死満塁から8番捕手ロスボロがライト前に2点タイムリーヒットを放ち先制。さらに5回裏、5番左翼手ルー・ジョンソンのタイムリー二塁打でドジャースが追加点。1960年にシカゴ・カブスでMLBデビューを果たしたジョンソンは、その後、エンゼルス、ミルウォーキー・ブレーブスを渡り歩きドジャースへ。トミー・デービスの故障により1962年以来となるMLB復帰を果たした30歳の苦労人である。

6回裏にも1点を追加して4対0としたドジャース。この日のオースティンには、十分すぎる援護点となった。1回表、ツインズの先頭打者ベルサイエスにいきなりエンタイトル・ツーベースを打たれたが、それ以降は、ピンチらしいピンチもなく、スイスイとイニングを消化して9回、被安打5、与四球2、わずか99球で完封勝利を記録。ドジャースが星をひとつ返して1勝2敗とした。

10月10日の第4戦。先発投手は第1戦の再戦となるグラント対ドライスデール。6回表終了時点で3対2でドジャースがリードしていた。

迎えた6回裏無死1、3塁。ここでグラントは降板し、二番手のアル・ワースイングトンがマウンドに上がった。するとドジャースは5番右翼手フェアリー、6番左翼手ジョンソンに連続タイムリーが飛び出して一挙3点を奪う。

さらに8回裏に苦労人ジョンソンのソロ本塁打が飛び出して7点目。

先発ドライスデールはソロ本塁打2本の2失点。9回、被安打5、11奪三振を記録して完投勝利をあげ、第1戦の借りを返した。これでドジャースが2勝2敗のタイに持ち込んだ。

10月11日の第5戦。この日の試合は、ドジャース先発のサンディー・コーファックスのひとり舞台。

9回を投げ、被安打4、奪三振10、与四球1の素晴らしい投球で完封勝利。

攻撃陣も14安打を放ち7得点を記録した。

これでドジャースは2連敗からの本拠地3連勝でワールドシリーズ制覇に王手をかけた。

10月13日、ツインズの本拠地メトロポリタン・スタジアムで行われた第6戦。後がないツインズは第4戦に先発したエース、マッドキャット・グラントを中2日で先発起用。ドジャースの先発はクロード・オースティン。

グラントは前回登板で68球を投げた疲れを一切見せずに4回終了時点で無安打。その後も気迫の投球を続けたグラントは、6回裏の打席でワールドシリーズ史上投手7人目となる本塁打を記録している。

7回表に8番二塁手、伏兵ディック・トラセウスキーにソロ本塁打を献上したが、9回を投げ切り、被安打6、奪三振5、無四球で見事完投勝利。3勝3敗で逆王手をかけた。

10月14日の第7戦。ドジャースのオルストン監督は、ローテーション通りドライスデールを先発させるか、中2日でコーファックスを起用するか迷った結果、後者を選択。コーファックスが乱調になった場合に備えて、ドライスデールにはブルペン待機を命じた。ツインズの先発も中2日でジム・カットがスクランブル登板。試合開始直後から両軍のブルペン陣が投球練習を開始する臨戦態勢だった。

4回表、先頭打者は4番左翼手ルー・ジョンソン。打席に向かう前にダッグアウトでチームメイトに「コーファックスが頑張っている。俺はコーファックスを助けるために打つ」と宣言。苦労人ジョンソンは、カットが投じた3球目を捉え、有言実行となる先制ソロ本塁打を放った。続く5番右翼手フェアリーが二塁打、6番一塁手パーカーがタイムリーヒットを放ちドジャースが2点を奪った。ジム・カットはここで力尽きて降板。

カーブの制球力を失っていたコーファックスは、そのカーブを見せ球にして速球主体の組み立てに変えツインズ打線を翻弄。9回被安打4、奪三振10、与四球3の力投を見せ完封勝利。シリーズ2完封を記録したサンディー・コーファックスがMVPに選ばれた。

1965年のワールドシリーズは、全7試合の勝利投手が全員完投勝利を記録。これは1940年以来の快挙だった。今後達成されることのない不滅の記録になるだろう。

1981年　11度目の名門対決を制し16年ぶりの世界一

1981年のワールドシリーズは、1978年以来、11回目となるニューヨーク・ヤンキースとロサンゼルス・ドジャースの対戦となった。この年は6月12日から7月31日にかけて実施されたMLB史上2回目のストライキの影響でレギュラーシーズンが前期と後期に分かれたシーズンであったため、ワールドシリーズ進出には、ディビジョンシリーズとチャンピオンシップシリーズ（各5試合制）を勝ち上がってくる必要があった。ドジャースは西地区前期1位、後期4位となり、ヒューストン・アストロズとのディビジョンシリーズに臨み3勝2敗で勝利。モントリオール・エクスポスとのチャンピオンシップシリーズも3勝2敗で勝利してワールドシリーズに進出を果たした。

ヤンキースは東地区前期1位、後期6位となり、ディビジョンシリーズでミルウォーキー・ブルワーズを3勝2敗、チャンピオンシップシリーズでオークランド・アスレチックスを3勝0敗で破り、勝ち上がってきた。

ドジャースの攻撃の中心は、鉄壁の内野陣を構成していた一塁手スティーブ・ガービー、二塁手デイビー・ロープス、遊撃手ビル・ラッセル、三塁手ロン・セイに加えて、1981年に球宴初選出を果たした外野手ダスティー・ベイカー。
投手の中心は、史上初となる新人王とサイ・ヤング賞をダブル受賞したフェルナンド・バレンズエラ。

ヤンキースの攻撃の中心は、移籍1年目で打率2割9分4厘、13本塁打、68打点を記録した左翼手デーブ・ウィンフィールド。打率2割3分7厘、15本塁打、54打点を記録したベテラン右翼手「ミスター・オクトーバー」レジー・ジャクソン。打率2割4分4厘、15本塁打、46打点を記録した三塁手グレイグ・ネトルズ。投手の中心は11勝5敗を記録したエース左腕ロン・ギドリー。8勝4敗、防御率2・05を記録して新人王を獲得したデーブ・リゲッティー。3勝2敗20セーブ、防御率0・77を記録した守護神リッチ・ゴセージ。ゴセージは1990年に福岡ダイエーホークスでもプレーしている。

なお、ワールドシリーズでは1976年から指名打者制度が導入されたが、1985年までの10年間は、偶数年は全試合で指名打者制度が導入され、奇数年は全試合で導入が禁止。そのため1981年は奇数年のために指名打者制度は採用されなかった。

10月20日、ヤンキー・スタジアムで行われた第1戦。ヤンキースの先発はエース、ロン・ギドリー。ドジャースの先発はシーズン10勝4敗、防御率2・30を記録したベテラン左腕ジェリー・ロイス。

ロイスは初回、走者ふたりを置いて5番一塁手、35歳のベテラン、ボブ・ワトソンに先制3ランを打たれ3失点。その後も3回裏にピネラのタイムリー、4回裏にデーブ・ウィンフィールドが2死満塁から押し出し四球を選び得点。

4回終了時点、5対0でヤンキースリード。ドジャースは中盤以降粘りを見せたが、ギドリー、ロン・デービス、ゴセージの継投の前に3得点しかできずに3対5で敗れた。

10月21日、ヤンキー・スタジアムで行われた第2戦。ヤンキースの先発は左腕トミー・ジョン。ジョンは、ドジャース在籍時代となる1974年9月25日、フランク・ジョーブ医師執刀で左肘靱帯移植手術を受け成功。史上初の術式の成功で、その後、この手術は「トミー・ジョン手術」と称される。ジョンは通算288勝を記録したが、術後に164勝を記録している。

一方のドジャース先発は、エクスポスとのチャンピオンシップシリーズで2勝0敗、防御率0・00を記録してMVPを獲得したバート・フートン。伝家の宝刀シンカーが威力を発揮したジョンは、古巣ドジャース相手にゴロの山を築き、7回無失点、被安打3、奪三振4、無四球の快投。後を受けたリッチ・ゴセージも2回を無失点に抑えてドジャースを零封。攻撃陣は3点を奪い、3対0でヤンキースが完勝した。

10月23日、ドジャースの本拠地ドジャー・スタジアムに舞台を移して行われた第3戦。ドジャースの先発はエクスポスとのチャンピオンシップシリーズ第5戦で8回2／3を1失点、113球を投げたフェルナンド・バレンズエラが中3日で登場する。ヤンキースの先発は、この年の新人王デーブ・リゲッティー。

1回表、立ち上がりから制球定まらないバレンズエラは、1番二塁手ウィリー・ランドルフと3番左翼手デーブ・ウィンフィールドに四球を与えるがダブルプレーでしのぎ無失点。1回裏、リゲッティーも緊張からかボールが先行。1番二塁手デイビー・ロープスがフルカウントまで粘り6球目を二塁打、2番遊撃手ビル・ラッセルがセーフティーバントで出塁。2死1、3塁で打席には、5番三塁手ロン・セイ。2ボール2ストライクからフアールで粘り、リゲッティーが投じた8球目を強振した打球は、あっという間にレフトスタンドに突き刺さる先制3ラン本塁打。バレンズエラ先発試合で初回に3点を奪い、スタンドを埋め尽くした5万6235人のファンは、勝ちを確信したかのような大騒ぎ。

しかし、2回表、先頭の5番一塁手ワトソンが反撃の狼煙《のろし》となるソロ本塁打、続く6番捕手リック・セローンが二塁打、1死後、8番遊撃手ラリー・ミルボーンがタイムリーを放ち、ヤンキースが2点を返す。

3回表、1死後、4番右翼手ルー・ピネラがヒットで出塁、2死1塁で打席には6番捕手セローン、バレンズエラが投じた2球目を捉えたセローンの打球は、左中間スタンドに突き刺さる逆転2ラン本塁打。その後も2死1、2塁のピンチが続き、打席には9番投手リゲッティー、バレンズエラはリゲッティーを3球三振に仕留めたが、もし指名打者が使用できる試合だったら、ヤンキースはさらなる追加点が可能だったかもしれない。

逆転されたドジャースは5回裏、先頭の4番一塁手スティーブ・ガービーがヒットで出塁。続く5番三塁手セイが四球、6番中堅手ペドロ・ゲレーロが二塁打を放ち、ガービーがホームに生還して同点、7番右翼手リック・マンデーは敬遠で歩く。ここでヤンキースは3番手ルディー・メイに交代、打席には3回裏に代打から守備についた2年目のマイク・ソーシア、2球目を打った打球はセカンドゴロとなりダブルプレーも、その間にセイが逆転のホームイン。5回終了時点で5対4とドジャースが再びリードを奪う。

3回までに4点を失っていたバレンズエラは、その後もピンチを招きながら、踏ん張り続け、9回147球の熱投で完投勝利。1981年は「フェルナンド・マニア」旋風が巻き起こったシーズンだが、ワールドシリーズでのバレンズエラの登板は、第3戦の1試合のみだった。


10月24日、ドジャー・スタジアムで行われた第4戦。ドジャースの先発はシーズン9勝5敗を記録した4年目24歳のボブ・ウェルチ。ウェルチは1990年に27勝を記録してサイ・ヤング賞を獲得している。ヤンキースの先発は同年6月12日にシカゴ・カブスからトレード移籍してきたベテラン、リック・ルーシェル。

この試合は両チーム総勢10投手が登板する乱打戦となった。1回表、先頭の1番二塁手ランドルフが三塁打、2番遊撃手ラリー・ミルボーンがタイムリー二塁打を放ってヤンキースが先制する。その後、3番中堅手ウィンフィールドは四球、足の故障で欠場していた4番右翼手レジー・ジャクソンがレフト前ヒットで、ウェルチはひとつのアウトも取れずに降板。初回に2点を先制したヤンキースは2回表、1番二塁手ランドルフがソロ本塁打を放ち追加点。3回表、8番捕手セローンがタイムリーを記録。

3回裏、ドジャースは1番二塁手ロープスのタイムリーとダブルプレー間の得点で2点を返す。序盤戦は4対2でヤンキースのリード。

5回裏、4番三塁手セイがタイムリーヒットを記録。6回表、5番左翼手オスカー・ギャンブル、6番一塁手ワトソンの連続タイムリーヒットで2点追加。6回裏、1死1塁で代打ジェイ・ジョンストンが2ラン本塁打、続く1番二塁手ロープスが右翼手ジャクソンの失策で2塁に出塁、その後、三盗に成功、2番遊撃手ラッセルのタイムリーでドジャースが同点に追いつく。

7回裏、8番捕手ソーシアに代わり代打起用されたイエガーの犠牲フライと1番遊撃手ロープスのタイムリーヒットで2点加えたドジャースは、この試合初めてリードを奪う。ヤンキースは8回表にレジー・ジャクソンのソロ本塁打で1点を返したが反撃及ばず。両チーム合計27安打を記録した乱打戦は、ドジャースが8対7で勝利。当時としては非常に長い3時間32分の激闘だった。

10月25日、ドジャー・スタジアムで行われた第5戦。ドジャースの先発はジェリー・ロイス。ヤンキース先発はエースのロン・ギドリー。1978年に25勝を記録してサイ・ヤング賞を獲得しているギドリーは、出身地のルイジアナ州にかけて「ルイジアナ・ライトニング」と呼ばれた名投手で背番号49はヤンキースの永久欠番に指定されている。試合は第4戦とは打って変わって緊迫した投手戦に。

2回表、先頭の4番右翼手ジャクソンがグラウンドルール・ツーベース、5番一塁手ワトソンは二塁手ロープスの失策で出塁、6番左翼手ピネラのタイムリーでヤンキースが先制する。その後は両先発の好投で硬直状態が続き、迎えた7回裏。1死後、6番右翼手ゲレーロがギドリーが投じた2球目のスライダーを捉え、左中間スタンドに突き刺さる起死回生の同点ソロ本塁打。ファンの興奮冷めやらぬ中、打席には7番捕手イエガー、1ボール2ストライクからの4球目、ゲレーロが仕留めたのと同じスライダーを左中間スタンドに運び、2者連続本塁打でドジャースが逆転に成功する。この日、ギドリーが投じたわずか2球の失投が試合を決した。ロイスは9回1失点、被安打5、奪三振5、与四球3で見事な完投勝利を記録。敵地連敗スタートのドジャースは本拠地3連勝でワールドシリーズ制覇に王手をかけた。

10月28日、舞台をヤンキー・スタジアムに移して行われた第6戦は、雨の影響で一日順延されて開催された。ヤンキースの先発は10月24日に行われた第4戦で最終2イニングに緊急登板して32球投げたトミー・ジョン。ドジャースは第2戦で自責0ながら敗戦投手となったバート・フートン。

3回裏、ヤンキースは1番二塁手ランドルフがレフトスタンドへ先制ソロ本塁打。しかし4回表、ドジャースは8番捕手イエガーのタイムリーヒットですぐさま追いつく。4回裏、2死2塁、ドジャースは8番遊撃手ミルボーンを敬遠して9番投手ジョンと勝負、ヤンキースのボブ・レモン監督は、ジョンに代わってボビー・マーサーを代打起用。しかし結果はライトフライ。この日の試合前、レモン監督は、強権オーナー、スタインブレナーから、先に点を取ってからは、ブルペン勝負に出ろと強く進言されていた。結果、ここでの代打起用と投手交代が試合の流れを大きく変えてしまうことになる。

5回表、2番手フレイジャーに襲いかかったドジャースは、4番三塁手セイのタイムリー、6番中堅手ゲレーロのタイムリー三塁打で3点を奪って逆転に成功。

持ちこたえたかったヤンキース投手陣だが6回表、3番手デービス、4番手ルーシェルもドジャースの勢いを止める事ができず4失点。これで試合の行方は決した。

9対2で勝利したドジャースは2連敗から4連勝でワールドシリーズを制覇。MVPにはシリーズ打率3割5分0厘、1本塁打、6打点を記録したロン・セイ、打率2割8分6厘、2本塁打、4打点のスティーブ・イエガー、打率3割3分3厘、2本塁打、7打点のペドロ・ゲレーロの3選手が選出された。ワールドシリーズ史上3人がMVPに同時選出されたのは1981年が最初で最後。

そしてこの1981年以降、東西の名門チームは大きな過渡期を迎える。オーナーのスタインブレナーが大金をかけて作り上げたヤンキースは崩壊して、チーム史上最長となる暗黒時代に突入。ヤンキースが再びワールドシリーズの舞台に返り咲くのは1996年。ロン・セイ三塁手、ビル・ラッセル遊撃手、デイビー・ロープス二塁手、スティーブ・ガービー一塁手で構成されたドジャース鉄壁の内野陣は、同じ布陣で8年以上構成されてきたが、ロープスがジャイアンツへトレード移籍した事を皮切りに崩壊。この1981年が4選手が揃った最後のシーズンとなった。

1988年　劇的サヨナラ弾で勢いをつけ、7年ぶり世界一

1988年のワールドシリーズは1974年以来2回目となるロサンゼルス・ドジャースとオークランド・アスレチックスとの対戦。しかし当時のアメリカの野球ファンは、1988年のワールドシリーズはアスレチックス対ニューヨーク・メッツの対戦になると確信していた。メッツは1986年にシーズン108勝54敗を記録して、ボストン・レッドソックスを破りワールドシリーズ制覇を達成。その快進撃は「ミラクル・メッツ再来」「アメージング・メッツ」と称された。そのシーズン以上の戦力を保持して臨んだ1988年はシーズン100勝60敗でナショナル・リーグ東地区を制覇。一方のドジャースは西地区を制したものの、シーズン94勝67敗でメッツとの直接対決では1勝10敗と大きく負け越していた。しかし、その両チームが激突したリーグチャンピオンシップシリーズの結果は、大方の予想を覆してドジャースが4勝3敗で制してワールドシリーズに進出。メッツのスター選手だったダリル・ストロベリー一塁手は、「1988年のチームは、間違いなく世界一に輝いた1986年のチームよりも強かった。どちらのチームで世界一に輝きたいかと聞かれたら間違いなく1988年のチームと答える。理由は、1988年のチーム

の方が本当に強かったから」と回顧した。

一方、投打共に圧倒的な戦力を誇るアスレチックスは、シーズン104勝58敗でアメリカン・リーグ西地区を制覇。リーグチャンピオンシップシリーズでは89勝73敗で東地区を制したボストン・レッドソックスを4勝0敗のスイープで圧倒してワールドシリーズに進出。

ドジャースの攻撃の中心は、デトロイト・タイガースからFA移籍1年目で打率2割9分0厘、25本塁打、76打点、31盗塁を記録したカーク・ギブソン左翼手、打率2割7分7厘、20本塁打、82打点を記録したマイク・マーシャル右翼手。マーシャルは晩年となった1992年に日本ハム・ファイターズでプレーしている。ドジャースの攻撃力はナショナル・リーグ平均以下で野手陣で球宴に選出されたのはギブソンひとりだけ（ギブソンは選出後辞退）。

投手陣の中心は、59回連続無失点のMLB記録を樹立して23勝8敗、防御率2・26を記録してサイ・ヤング賞を獲得したエース、オーレル・ハーシュハイザー。加えてシーズン17勝11敗、防御率2・91を記録したベテランのティム・リアリー、12勝6敗を記録したデビュー2年目の新人ティム・ベルチャー、21セーブを記録した抑えのジェイ・ハウエルと、貧弱な攻撃陣と比較して強力な投手陣を擁した。

一方、名将トニー・ラルーサ率いるアスレチックスの攻撃の中心は、MLB史上初となるシーズン40本塁打・40盗塁を記録してMVPを獲得したホセ・カンセコ右翼手、シーズン打率2割6分0厘、32本塁打、99打点を記録したマーク・マグワイア一塁手。マグワイアは前年の1987年に当時の新人最多本塁打記録となる49本塁打を放って新人王を獲得。カンセコとマグワイアのコンビは「バッシュ・ブラザーズ」と称され、野球ファンには絶大な人気を誇った。さらに、この年新人王を獲得したウォルト・ワイス遊撃手、1978年にナショナル・リーグMVPを獲得したデーブ・パーカーなど、多種多彩な陣容を誇った。

投手の中心は、21勝12敗を記録したエース、デーブ・スチュワート、17勝9敗のボブ・ウェルチ。ウェルチは1990年に27勝を記録してサイ・ヤング賞を獲得（2025年時点でシーズン25勝以上を記録した最後の投手）。16勝7敗を記録したストーム・デービス。そして、45セーブを記録した絶対的守護神デニス・エカーズリー。エカーズリーは1992年にサイ・ヤング賞とMVPをダブル受賞、シーズン20勝とシーズン50セーブを記録したMLB唯一の投手で2004年に殿堂入りしている。

10月15日、ドジャースの本拠地ドジャー・スタジアムで行われた第1戦。ドジャースの先発はティム・ベルチャー。エース、ハーシュハイザーはメッツと死闘を演じたリーグチャンピオンシップシリーズ第7戦で先発したために登板ができないことに加えて、メッツとのシリーズのように1、3、7戦でハーシュハイザーを先発させる事も不可能になった。さらには闘将カーク・ギブソンがリーグチャンピオンシップシリーズの第5戦で左ハムストリング、第7戦で右膝を故障。歩くこともつらい状態でワールドシリーズ出場は絶望的。

一方のアスレチックスは、エース、デーブ・スチュワートが先発。1回裏、ドジャースは1番二塁手スティーブ・サックスが死球で出塁。1死後、打席には3番左翼手ミッキー・ハッチャー。ギブソンがプレーできないため、スタメン出場したベテランのハッチャーは、このシーズンわずか1本塁打。しかし、スチュワートが投じた2球目を振り抜いたハッチャーの打球はレフト方向に伸びていき、誰もが予想していなかった先制の2ラン本塁打に。

先制を許したアスレチックスは2回表、ヒットと2四球で2死満塁のチャンスを作ると、打席には3番右翼手ホセ・カンセコ。ハッチャーとは違い、多くのファンが予想したとおり、ベルチャーが投じた2球目を強振したカンセコの打球は、あっという間に中堅手ジョン・シェルビーの頭上を越えていく逆転満塁本塁打に。この衝撃的な一発でこの試合の敗戦はもちろん、シリーズ敗退の予感がドジャースファンの脳裏にはっきりと刻まれる。

3回表、ドジャースのラソーダ監督は2番手として先発の一角を務めて来たティム・リアリーをマウンドに送り出した。この起用が当たりリアリーは3イニングを無失点に抑える好投を見せて、試合を落ち着かせる。その後、リアリーはワールドシリーズでリリーフ起用に専念することになる。

4対2とアスレチックスがリードしたまま回は進み、試合が動いたのは6回裏、ドジャースの攻撃。1死後、4番右翼手マイク・マーシャルがライト前ヒットで出塁、5番中堅手シェルビーがセンター前ヒットで続き、1死2、3塁とすると、6番捕手マイク・ソーシアのレフト前タイムリーヒットで1点を返した。

スコアは4対3となったが、試合はアスレチックスのリードのまま9回裏に突入。マウンドには絶対的守護神デニス・エカーズリーが登板。スタンドを埋め尽くした5万5983人のファンは、先頭の6番捕手ソーシアがショートフライに打ち取られ、7番三塁手ハミルトンが見逃し三振に倒れた瞬間、カンセコが満塁本塁打を打った時に予感した敗戦が現実になると確信したに違いない。

打席には8番遊撃手アルフレッド・グリフィンに代わり代打マイク・デービス。前年まで アスレチックスでプレーしていたデービスは、故障の影響でレギュラーシーズンでは打率1割9分6厘。しかし初球ストライク後、1985年アスレチックスで24本塁打を記録したかつてのチームメイト、デービスのパワーを警戒したエカーズリーは、アウトコース中心の配球を見せる。ネクストバッターサークルには、非力なデーブ・アンダーソンが代打の準備を始めていた。

それを見たエカーズリーは、4球連続ボールでデービスを歩かせる。2死1塁、代打が告げられ、打席にはアンダーソンでは無く、ダッグアウトの奥から手負いのカーク・ギブソンが足を引きずりながら打席に立つ。スタンドは一瞬の沈黙後、割れんばかりの大歓声に包まれた。名実況者ビン・スカリーは「誰が打席に立つか見てみろ」と叫んだ。

0ボール2ストライクから、ギブソンはファールで粘り、3ボール2ストライク、打席を外したギブソン。後にギブソンは「左打者相手に3－2カウントの場合、エカーズリーは外から入ってくるバックドア・スライダーを投げてくるとスカウトのメル・ディディエにアドバイスされていたことを思い出した。頭の中でメルのバックドア・スライダーが来ると言う声が聞こえてきた」と回顧。

直後にエカーズリーが投じた球は、ギブソンの想定どおりバックドア・スライダー。下半身が使えないギブソンは、上半身だけのスイングでボールを捉え、舞い上がった白球はライトスタンドに消えていった。足を引きずりつつも、弓弾きのガッツポーズを繰り返しながら、ベースを一周するギブソン。1988年ワールドシリーズで闘将ギブソンがプレーした最初で最後の打席だった。劇的なサヨナラで勝利を収めたドジャースは、勢いに乗り、戦前の予想を覆し、4勝1敗で絶対的王者アスレチックスを撃破してワールドシリーズを制覇。MVPは第2戦に完封勝利、第5戦に完投勝利を記録したオーレル・ハーシュハイザーが選出された。

2020年　パンデミックを乗り越え、22年ぶりに頂点に立つ

2020年は、新型コロナウィルスによるパンデミックの影響で過去に類を見ないシーズンとなった。MLB機構は3月12日にオープン戦の全試合中止と開幕戦延期を発表。レギュラーシーズンは全60試合に短縮され、オールスターも中止。ポストシーズン進出チームも両リーグ合計16チームとなった。

ドジャースはMLB全体最高勝率となるシーズン43勝17敗を記録。ワイルドカードではミルウォーキー・ブルワーズ相手に2連勝。ディビジョンシリーズはサンディエゴ・パドレス相手に3連勝。リーグチャンピオンシップシリーズは東地区を制したアトランタ・ブレーブス相手に4勝3敗で勝利してワールドシリーズに進出する。

アメリカン・リーグを勝ち上がったのはドジャース同様にリーグ最高勝率をマークしたタンパベイ・レイズ。パンデミックの影響でワールドシリーズ開催地は全試合、テキサス・レンジャーズの本拠地グローブライフ・フィールドで行われた。ちなみにワールドシリーズが中立地で開催されるのは史上初のことだ。また短縮シーズンとはいえ、両リーグの最高勝率チームがワールドシリーズで対戦するのは、地区制が導入された1995年以降では、2013年以来4回目。レイズの攻撃の中心は、打率2割6分9厘、14本塁打、37打点を記録したブランドン・ロウだが、16選手が二桁打点を記録するなど、全員野球が持ち味。筒香嘉智も打率こそ1割9分7厘と苦しんだが、ともにチーム2位となる24打点、8本塁打を記録。投手の中心は、5勝1敗のタイラー・グラスノー、4勝2敗のブレイク・スネルだが、攻撃陣同様にMLB記録となる12投手がセーブを記録するなど、投手陣も全員野球で勝ち上がってきた。

一方、ムーキー・ベッツ加入1年目となったドジャースは、リーグ1位となるチーム防御率3・02、チーム平均得点5・85を記録して圧倒的な強さを見せつけた。攻撃の中心は、打率3割0分7厘、15本塁打、41打点を記録したコリー・シーガー、打率2割9分2厘、16本塁打、39打点のベッツだが、このふたり以外にもコディ・ベリンジャー、マックス・マンシー、A・J・ポロックの3選手が二桁本塁打を記録した重量打線を形成。投手の中心は、6勝2敗、防御率2・16を記録したクレイトン・カーショー、3勝1敗、防御率2・57のダスティン・メイ、3勝0敗のフリオ・ウリアスの先発三本柱に加えて、11セーブを記録した抑えのケンリー・ジャンセンを擁する強力な布陣。

10月20日、中立地グローブライフ・フィールドで行われた第1戦。無観客で行われたシーズンだが、ナショナル・リーグのリーグチャンピオンシップシリーズとワールドシリーズでは、グローブライフ・フィールドの収容人数4万5１8人の約28％にあたる、最大１万１５００人の入場が許可された。第1戦の観客動員数は1万1388人。ドジャースの先発はクレイトン・カーショー。レイズはタイラー・グラスノー。1回表、レイズは1番一塁手ヤンディー・ディアスがライト前ヒットで出塁、3番指名打者ランディー・アロザレーナが四球を選び、1死1、2塁、先制のチャンスを作ったが後続が倒れて無得点。

両先発が順当な立ち上がりを見せ、試合が動いたのは4回裏、ドジャースの攻撃だった。先頭の4番一塁手マックス・マンシーが四球で出塁、1死後、打席には6番中堅手コディ・ベリンジャーが立つ。グラスノーがストライクをとりに来た初球を振り抜いたベリンジャーの打球は右中間スタンドに突き刺さる先制2ラン本塁打。

しかしレイズも5回表、2死後に8番中堅手ケビン・キーアマイヤーがライトスタンドに運ぶソロ本塁打を放って追いすがる。

それでもドジャースは5回裏、1番右翼手ベッツ、2番遊撃手シーガーが連続四球で出塁、1死2、3塁となり4番一塁手マンシーの一塁ゴロの間に追加点を奪うと、5番指名打者ウィル・スミスがセンター前タイムリーヒットを放ち、グラスノーをKO。ドジャースは攻撃の手を緩めず7番二塁手クリス・テイラー、8番左翼手ジョック・ピダーソンに代わる代打キケ・ヘルナンデスに連続タイムリーが飛び出してこの回一挙4得点。

さらに6回裏、先頭1番右翼手ベッツのソロ本塁打と4番一塁手マンシーのタイムリー二塁打で2点を追加して試合を決めた。

10月21日に行われた第2戦。ドジャースの先発は、シーズン2勝2敗、防御率2・31を記録して新人王投票4位に選出されたトニー・ゴンソーリン。レイズの先発はブレイク・スネル。

1回表、レイズは2番二塁手ロウが3ボール1ストライクからの5球目を捉え、左中間スタンドに飛び込む先制ソロ本塁打。

2回表、1死二塁の場面でドジャースはゴンソーリンからディラン・フローロに投手交代。その後も投手交代を繰り返したドジャースは、この試合でゴンソーリン、フローロ、ビクター・ゴンザレス、ダスティン・メイ、ジョー・ケリー、アレックス・ウッド、ジェイク・マギーの7投手を起用する。

4回表に2点を追加したレイズは続く5回表、2死1塁から2番二塁手ロウがこの日2本目となる2ラン本塁打を放ち、リードを広げる。ドジャース打線はレイズ先発のスネルに4回まで無安打に抑え込まれるも、5回裏、2死後、8番二塁手キケ・ヘルナンデスが四球で出塁、打席には9番左翼手クリス・テイラー。2ボール1ストライクからの4球目を捉えたテイラーの打球は、チーム初安打となる2ラン本塁打。

6回表、レイズは先頭の4番一塁手チェ・ジマンがライト前ヒットで出塁。このジマンの安打は、韓国人選手によるワールドシリーズ初安打となった。続く5番右翼手マニュエル・マーゴもレフト前ヒットで続き、6番三塁手ジョーイ・ウェンデルの犠牲フライで追加点。ドジャースはその後5番捕手スミス、8回裏、2番遊撃手シーガーがソロ本塁打を記録したが、一度も追いつく事ができずに6対4でレイズが勝利。


休養日を1日挟み迎えた10月23日の第3戦。レイズの先発はシーズン2勝2敗のベテラン36歳のチャーリー・モートン。ドジャース先発は前年に球宴初選出を果たした26歳のウォーカー・ビューラー。

1回表、ドジャースは3番三塁手ジャスティン・ターナーが先制ソロ本塁打を放ち、その後も流れをレイズに渡さずに試合は進行。先発ビューラーは、6回被安打3、奪三振10、1失点の好投を見せてチームを勝利に導いた。

一方のレイズもアロザレーナが9回裏、同一ポストシーズン新記録となる通算23安打目をソロ本塁打で記録するなど意地を見せた。

10月24日の第4戦。レイズの先発はライアン・ヤーブロ。ドジャースの先発はシーズン3勝0敗を記録したフリオ・ウリアス。1回表、2死後、3番三塁手ターナーがワールドシリーズ史上初となる2試合連続の初回本塁打を記録。この1本を皮切りにこの日の試合は壮絶な打ち合いとなった。レイズは2番指名打者アロザレーナ、7番右翼手ハンター・レンフロー、5番二塁手ロウ、9番中堅手キアマイアーがそれぞれ本塁打を記録。ドジャースも初回にターナー、3回表に2番遊撃手シーガーが本塁打を記録して応戦。試合は8回終了時点で7対6とドジャースがリード。

9回裏、マウンドにはドジャースの守護神ケンリー・ジャンセンが上がる。先頭の代打筒香は空振り三振、9番中堅手キアマイアーにセンター前ヒット、続く途中出場のジョーイ・ウェンデルがレフトライナーで2死となるが、アロザレーナが四球で出塁、2死1、2塁の場面で打席には8回裏に代走で出場していた苦労人のブレット・フィリップス。1ボール2ストライクからジャンセンが投じた4球目を捉えた打球はセンターへのクリーンヒットとなり、キアマイアーが生還して同点。その打球処理を7回裏に左翼手から中堅手に回っていたテイラーがミス、一度は三塁でストップしたアロザレーナが一気にホームへ突進、カットに入ったマンシーから捕手スミスへボールは渡ったがスミスが捕球できずにアロザレーナが生還してレイズの逆転サヨナラ勝利。ワールドシリーズで失策により試合が終了したのは、1986年メッツ対レッドソックスの第6戦、レッドソックスの「ビル・バックナー一塁手、痛恨のトンネル」以来だった。

10月25日に行われた第5戦。両チームの先発は第1戦同様、カーショーとグラスノー。先攻のドジャースは1回表、1番右翼手ベッツが二塁打、2番遊撃手シーガーがライト前タイムリーヒットであっさり先制すると、6番中堅手ベリンジャーの内安打で2点目。

さらに2回表、8番左翼手ピダーソンのソロ本塁打で3点目。

レイズも3回裏、1番一塁手ディアス、2番指名打者アロザレーナの連続タイムリーで2点を返す。

4回裏、四球で出塁した4番左翼手マニュエル・マーゴが2死三塁からホームスティールを狙ったがホームで憤死、このプレーで勢いは完全にドジャースとなり、レイズは一度も追いつく事なく4対2でドジャースが勝利してワールドシリーズ制覇に王手をかけた。

休養日を挟んで行われた10月27日の第6戦。この日の先発は第2戦同様、ゴンソーリンとスネル。1回表、1死後、2番左翼手アロザレーナがライトスタンドに飛び込む先制ソロ本塁打。その後、試合はスネルの好投、ブルペンデーとなったドジャース投手陣の粘投で投手戦に。

均衡が破れたのは6回裏、1死後、9番捕手オースティン・バーンズがセンター前ヒットで出塁、レイズはここで好投スネルに代わりニック・アンダーソンに投手交代、続く1番右翼手ベッツが二塁打で続き、1死2、3塁、打席には2番遊撃手シーガー、2球目がワイルドピッチとなり同点、3球目を打ったシーガーの打球は一塁ゴロだったが、フィルダースチョイスとなりベッツが勝ち越しのホームイン。

8回裏、先頭の1番ベッツがダメ押しのソロ本塁打を放ち、ドジャースが3対1で勝利してワールドシリーズ制覇を果たした。MVPには6試合、打率4割、2本塁打、5打点を記録したコリー・シーガーがリーグチャンピオンシップに続き選ばれた。同一ポストシーズンでリーグチャンピオンシップ、ワールドシリーズのダブルMVP受賞は、シーガーが史上8人目。破れたレイズも、アロザレーナが同一ポストシーズン記録となる10本塁打を記録した。

おわりに　大谷翔平のこれから

10年7億ドルの大型契約の1年目を終えた大谷翔平。ワールドシリーズ終了後に行われたシャンパンファイトでは、大谷ドジャース入りの最大のキーパーソン、フリードマン編成本部長から、「これをあと、9回やろう」と声をかけられた。

この言葉が実現するのであれば大谷の契約満了の時まで、ドジャースはワールドシリーズ10連覇を達成する事になる。ワールドシリーズの連覇記録は1949年から1953年にかけてニューヨーク・ヤンキースが記録した5連覇。ワールドシリーズ最後の連覇チームは、1998年から2000年にかけてニューヨーク・ヤンキースが記録した3連覇。群雄割拠のMLBでワールドシリーズ連覇を達成する事が、いかに難しく、厳しいかわかる。

選手のほとんどは、自身の野球人生で一度、ワールドシリーズに出場できるか、そして、チャンピオンリングをひとつ、獲得できるかどうかの世界観だ。

そんな中、チャンピオンリングを10個獲得した経験を持つのが、1946年から196

5年までMLBで19年間プレーしたヨギ・ベラ（最後の1年はニューヨーク・メッツで4試合出場）だ。現役時代、黄金期のヤンキースで捕手として18年間プレー。晩年、特任コーチとしてヤンキースのスプリング・トレーニングに参加していたベラに、チャンピオンリングの事を聞くと、「ジーターがリングを5個持っていると騒ぎ立てるが、わしは10個。ジーターは片手分、わしは両手じゃ」と答えてくれた。

そんな、ヨギ・ベラは、2015年9月22日に90歳でこの世を去った。ニューヨーク州マンハッタンの西側に位置するニュージャージー州リトル・フォールズにあるモントクレア州立大学構内、ヨギ・ベラ・スタジアム横に「ヨギ・ベラ博物館」があり、そこにはヨギ・ベラが3度獲得したMVPの盾や数々のチャンピオンリングが展示されている。二十数年前に来館した時には、1969年メッツのコーチ時代に獲得したミラクル・メッツのチャンピオンリングなども展示されていたが、その後、美術品を狙った窃盗団に襲われ、ヤンキースのチャンピオンリング9個が被害に遭い、2024年1月に窃盗団の首謀者が自首。先に捕まっていた窃盗団のメンバーが、「貴金属品は、溶かして売却した」と供述。果たしてヨギ・ベラのチャンピオンリングは、どうなってしまったのか、心配が尽きない。

話は脱線したが、ヨギ・ベラが獲得したチャンピオンリング10個が、ワールドシリーズ史上最多記録。シャンパンの芳醇な香りと泡に塗れながら、語られた「9回やろう」が実現すれば、チームとしての記録は更新され、大谷はヨギ・ベラに並ぶ。

100年先も確実に語り継がれる事になるだろう大谷翔平の2024年シーズン。そして、2025年は「二刀流」復活のシーズン。大谷はシーズン終了後に行われたオンラインのインタビューで「歳を重ねていくにつれて、もっと体の違和感とか技術、視力の低下は訪れる想定でいないといけないと思うので、そこを想定しつつ、かたや今できるパフォーマンスをしっかり上げていきたい。自分の中では二刀流というのを今までやってきて、長く続けたいという思いはあるので、ただ、どちらかにせざるを得ないタイミングがもし来たとしたら、どちらにしても対応できる準備というのをしっかりしておく必要があるのかなと思います」と自身の将来を語ってくれた。

また、かつて語った右肘を3度手術するような事があれば、投手を断念するという発言に関しては「必ずそうなるかどうかではなくて、ある程度想定を色々していくことが大事。その中のひとつとして、1回目のトミー・ジョンは必ず来ると思っていたので、そこは別に何とも思っていなかったんですけど、2回目のトミー・ジョンはタイミングが、例えばどこで来るかとかによって、後は進行状況ですね。一概にトミー・ジョンと言っても、どの程度、靱帯が傷ついているかによって、どのくらい投げられるかも違うので、色々、想定していく中で、現実的には3回目を受けるのが、おそらく希望としては5年以上は延びてほしいと思っている。年齢的に例えば35を過ぎた辺りで3回目の手術をして、復帰に1年かけて、という領域に入っていくのが正しい選択になるのかどうかは、その時の自分のコンディショニングにもよると思うので、現実的に見れば、やはり2回くらいまでが投手として理想なのかなと思っています」とコメント。

残り9年の契約全てを「二刀流」としてプレーする事がベストだが、いつの日か、投手という一本の刀を降ろし、「一刀流」としてプレーする時が訪れる事を予見している。MLB史上最多となる通算5714奪三振を記録したノーラン・ライアンは、現役最後の登板試合で98マイルを計測するなど、剛腕投手のまま46歳まで投げ続けた。「二刀流」の大谷とライアンを単純に比較することは難しいが、大谷が想定する3回目の手術を回避する事ができれば、10年契約満了の先に、もしかしたら現役としての道が残されるかも知れない。

なぜならば、大谷翔平は常人の想像や考えを易々と超えて来たから。
ドジャーブルーをまとった大谷翔平の新たな章は、まだ始まったばかりだ。

2025年3月

AKI猪瀬

主な参考文献

伊東一雄『メジャー・リーグ紳士録』ベースボール・マガジン社、１９９７年
『大谷翔平２０２４シーズン決算号』ベースボール・マガジン社、２０２４年
Baseball Savant
MLB.com
Los Angeles Dodgers MEDIA GUIDE, 2000, 2002, 2003, 2004, 2005, 2006, 2007, 2008
Roger Kahn, THE BOYS OF SUMMER, HarpPerenM, 2000

写真提供　MLB Photos via Getty Images／ゲッティ／共同通信イメージズ
Corbis via Getty Images／ゲッティ／共同通信イメージズ
USA TODAY・ロイター＝共同
ゲッティ／共同通信イメージズ
ロイター＝共同
共同通信社
ブックデザイン　出田 一、松坂 健（TwoThree）
編集協力　花田 雪
制作協力　ブルックリン・ハイツ

本文中にある「ニグロ」は、当時も特定人種を差別的に扱っていた言葉であり、現在も人種差別用語と認知されています。今日の人権擁護の見地に照らして不適切であり、使用すべき言葉ではありません。本書では、当時のアメリカ球界で正式名称として使用されていたため、当該リーグを指す際にのみ、歴史的用語としてやむなく使用していますが、このリーグ名自体が差別用語であり、当時のアメリカ社会、アメリカ球界の差別的な状況を示していることを読者諸氏には理解していただきたく存じます。

本書は書き下ろしです。

AKI猪瀬（あき　いのせ）
1970年生まれ。栃木県出身。89年にアメリカへ留学。MLBについての研究をはじめ「パンチョ伊東」こと伊東一雄に師事。現在はMLBジャーナリストとしてJ SPORTS、ABEMA等に出演。流暢な英語を交えた独自の解説スタイルには定評があり、出演本数は年間150試合におよぶ。東京中日スポーツで20年以上コラムを執筆するなどスポーツライターとしても活動中。著書に『大谷翔平とベーブ・ルース』『大谷翔平とホームラン』（KADOKAWA）、『今こそ行きたいメジャーリーグスタジアム巡礼』（エクスナレッジ）などがある。

ドジャースと12人《にん》の侍《さむらい》
日本人選手《にほんじんせんしゅ》を受《う》け入《い》れ続《つづ》ける名門《めいもん》球団《きゅうだん》の足跡《そくせき》

2025年４月９日　初版発行

著者／AKI猪瀬《あきいのせ》

発行者／山下直久

発行／株式会社KADOKAWA
〒102-8177　東京都千代田区富士見2-13-3
電話　0570-002-301（ナビダイヤル）

印刷・製本／株式会社ＤＮＰ出版プロダクツ

●お問い合わせ
https://www.kadokawa.co.jp/（「お問い合わせ」へお進みください）
※内容によっては、お答えできない場合があります。
※サポートは日本国内のみとさせていただきます。
※Japanese text only

定価はカバーに表示してあります。

ISBN 978-4-04-115449-6　C0075